10대와 통하는
건축으로
살펴본
한국
현대사

10대와 통하는 건축으로 살펴본 한국 현대사

제1판 제1쇄 발행일 2019년 8월 7일
제1판 제5쇄 발행일 2022년 8월 30일

글 _ 서윤영
기획 _ 책도둑(박정훈, 박정식, 김민호)
디자인 _ 채홍디자인
펴낸이 _ 김은지
펴낸곳 _ 철수와영희
등록번호 _ 제319-2005-42호
주소 _ 서울시 마포구 월드컵로 65, 302호(망원동, 양경회관)
전화 _ (02) 332-0815
팩스 _ (02) 6003-1958
전자우편 _ chulsu815@hanmail.net

ISBN 979-11-88215-28-7 43910

철수와영희 출판사는 '어린이' 철수와 영희, '어른' 철수와 영희에게
도움 되는 책을 펴내기 위해 노력합니다.

10대와 통하는
건축으로 살펴본 한국 현대사

글 서윤영

철수와영희

사람에 대한
따듯한 이해가 담긴
건축 이야기

"스케일이 얼마니?"라는 선생님의 물음에 "100분의 1입니다."라고 대답했습니다. 그러자 선생님이 말씀하셨습니다.

"그렇다면 1센티는 1미터가 되고 5밀리는 50센티가 되겠구나. 만약에 벽과 기둥이 50센티 정도 차이가 난다면 그 건물은 어떻게 될까? 아마 무너질지도 모르지. 넌 이 도면을 그릴 때 0.5밀리 샤프펜슬로 그렸지. 0.5밀리면 100분의 1 스케일에서는 5센티가 된단다. 창문과 창틀이 꼭 맞지 않고 5센티 차이가 난다면 어떻게 될까? 문짝과 문틀이 서로 5센티 정도 차이가 난다면 또 어떻게 될까? 샤프심 굵기만한 차이로도 창문과 출입문이 닫히지 않을 수도 있는 거란다. 그러니 이 작은 도면이라는 게 얼마나 중요한지 이제 알겠지?"

이 말을 해주신 분은 중학교 선생님이었습니다. 중학교 2학년 기술·가정 시간이었습니다. 주택과 건축에 대한 간단한 설명을 듣고 나서 기초적인 도면 그리기까지 배운 뒤 선생님은 숙제를 내주셨습니다. 앞으로 20년 후 자신이 살고 싶은 집을 그려보라는 숙제였습니다. 20년 후라. 저는 그때 열다섯 살이었는데 서른다섯 살의 제 모습이 도저히 상상이 되지 않았습니다. 그래서 부모님과 동생, 네 가족이 살 만한 집을 그리기 시작했습니다. 스케일이 100분의 1이었기 때문에 모눈종이와 삼각자만 있으면 별도의 스케일자는 필요하지 않았습니다. 하지만 그다지 열심히 그렸던 것은 아닙니다. 영어 공부하고, 수학 문제 풀고, 늦은 밤이 되어서야 도면을 그리기 시작했으니까요. 눈꺼풀이 자꾸만 감기는 것을 참아가며 겨우겨우 도면을 그리고 나서 보니 웬걸요, 벽체는 어그러지고 문짝은 아귀가 맞지 않았습니다. 그야말로 엉망진창이었습니다. 다음 날 조마조마한 마음으로 숙제를 제출했을 때 선생님은 저렇게 말씀하셨습니다. 눈에 잘 보이지도 않는 1밀리미터를 잘못 그리면 실제 집을 지었을 때 10센티미터가 틀려진다니, 그것은 실로 엄청난 충격이었습니다. 그때부터 가끔 생각하는 버릇이 생겼답니다. 건축이란 과연 무엇일까?

그 후 저는 대학에 가서 본격적으로 건축을 공부하게 되었고, 도면은 100분의 1 스케일만 있는 게 아니라는 것을 알게 되었습니다. 그리고 학년이 올라갈수록 건물이 커지면서 스케일도 함께 커졌습니다. 10~20층짜리 건물은 대개 200분의 1이나 300분의 1 스케일로 그립니다. 졸업 후 설계사무소에 취직하여 일을 할 때는 스케일이 더욱 커졌습니다. 500분의 1을 넘어 1,000분의 1 스케일 도면도 그려보았습니다. 그때 1밀리미터를 잘못 그리면 실제 건축에서는 1미터가 틀리게 된다는 것을 체험했습니다. 이후 저는 도면을 그리는 대신 책을 쓰게 되었습니다. 책 한 권을 쓰면 보통 처음에는 2,000부를 찍고 책이 다 팔리면 3,000부나 5,000부를 더 찍습니다. 책이 정말 잘 팔리면 10,000부까지도 찍습니다. 새로운 책을 쓸 때마다 저는 예전에 선생님이 해주셨던 말씀을 떠올리곤 합니다. 100분의 1 도면을 그릴 때 1밀리미터를 잘못 그리면 실제로는 10센티미터가 틀려지듯이, 책을 쓸 때 만약 문장 한 줄을 잘못 썼다면 2,000명이나 3,000명, 혹은 5,000명이나 되는 사람에게 거짓말을 하는 셈이 되겠지요. 그러니 자의 무게보다 펜의 무게가 훨씬 더 무겁다는 생각이 듭니다.

아무것도 그려지지 않은 푸른 모눈종이처럼 무한한 가능성이 열려 있는 여러분 앞에 조심스레 이 책 한 권을 놓습니다. 중학교 2학년 때 건축가가 되고 싶다는 생각을 처음 하였지만 아무도 건축이 무엇인지, 건축가가 되기 위해서는 무엇을 해야 하는지 가르쳐주는 사람이 없었습니다. 그저 막연히 수학을 잘해야 한다, 미술을 잘해야 한다고 말해줄 뿐이었습니다. 그런데 대학에 와서 공부를 해보니 건축은 수학과 미술만을 잘한다고 되는 것이 아니었습니다. 물론 건축에 는 공학적인 측면과 예술적인 측면이 어우러져 있기 때문에 수학도 잘해야 하고 미술도 잘해야 합니다. 하지만 그것만이 전부가 아니었 습니다. 사람이 생활하는 공간을 설계하는 것이기 때문에 무엇보다 도 사람에 대한 따뜻한 이해가 앞서야 하는 것임을 깨닫게 되었습니 다. 여러분 중에는 장래 희망이 건축가인 사람도 있을 것입니다. 건 축가가 되고 싶은 친구에게, 혹은 건축이 무엇일까 궁금한 친구에게 이 책이 좋은 길잡이가 되기를 바랍니다.

서윤영 드림

차례

머리말 4
**사람에 대한 따듯한 이해가 담긴
건축 이야기**

1. 건축이란 무엇인가?

생활을 담는 그릇, 건축 15
거대한 건축물은 왜 지어졌을까? 18
건축의 자리는 제3선 21

2. 광화문 광장

한양의 도시계획 29
육조 거리에서 세종로로 35
●■▲ 왕의 도시 한양 41
●■▲ 세종로의 세종문화회관 42

3. 지니어스 로사이: 용산과 이태원

용산 49

명례방에서 명치정, 명동으로 50

해방 후의 용산 54

이태원 55

●■▲ 모든 길은 한양으로 통한다 59

●■▲ 핼러윈데이의 유래 61

4. 젠트리피케이션: 북촌과 서촌

북촌과 서촌 66

젠트리피케이션 72

젠트리피케이션의 장단점 76

진정한 젠트리피케이션 79

●■▲ 타운하우스는 어떤 집이었을까? 83

5. 세그리게이션: 강남 개발

한양의 확장 88

강남 개발 90

세그리게이션: 계층별 주거 분리 93

임대 아파트: 낙인 효과 96

소셜믹스: 계층별 주거 혼합 100

●■▲ 사대문 안과 성저십리 105

●■▲ 근린주구 이론 106

6. 모자이크 도시

동심원 도시 이론 113

선형 도시 이론 115

모자이크 도시 이론 118

외국인 이주 노동자 123

글로벌한 도시 125

●■▲ 이주 노동의 역사 127

●■▲ 영등포가 공업지대가 된 까닭 128

7. 남영동 대공분실

권력의 시녀로서의 건축 133

남영동 대공분실 140

종이로 만든 집, 절반의 집 144

8. 와우아파트와 삼풍백화점

불도저 시장 149

와우아파트 붕괴 152

삼풍백화점 붕괴 156

●■▲ 조선총독부 철거 162

●■▲ 건물의 붕괴 163

9. 철거민과 스콰운동

판자촌 169

사당동·상계동 철거 172

용산 참사 177

스콰: 점유운동 180

●■▲ 토레다비드 스콰 185

10. 도시화

변화하는 가족 189

아파트, 분양 위주에서 임대주택으로 193

우리나라의 아파트 196

●■▲ 슈바베 지수 202

1

건축이란
무엇인가?

"건축은 생활을 담는 그릇이란다."

"그래, 나중에 꼭 예쁜 집 많이 지어."

중고등학교 시절 선생님과 부모님에게 가장 많이 들었던 말입니다. 내가 이다음에 건축가가 되고 싶다는 생각을 한 것은 중학교 2학년 때입니다. 그 후부터 장래 희망이 무엇이냐는 말에 건축가라고 대답하면 선생님과 부모님은 이렇게 말씀하셨습니다. 그때마다 항상 궁금했습니다. '건축은 생활을 담는 그릇'이라는 게 무슨 뜻일까? 사람들은 왜 건축이라고 하면 '예쁜 집'을 짓는 것이라고 생각할까? 예쁜 집이란 어떤 집일까?

생활을 담는 그릇, 건축

물을 마시려면 컵이 필요합니다. 밥을 먹으려면 밥그릇과 국그릇이 있어야 하고 반찬을 담는 접시도 있어야 합니다. 물컵, 밥그릇, 국그릇, 반찬 접시는 식탁 위에 놓습니다. 그러면 식탁은 어디에 놓을까요? 주방 쪽에 두겠지요. 그곳에서 우리는 밥을 먹습니다. 이때 '식탁에서 밥을 먹는다'는 행위를 '주방 옆 공간에 담았다'라고 말하면 이해가 되나요?

잠을 자려면 침대가 있어야 하고, 공부를 하려면 책상이 있어야 합니다. 침대와 책상은 방 안에 둡니다. 이렇게 되면 방은 '공부를 하고 잠을 자는 생활'을 담는 그릇이 됩니다. 운동장이나 복잡한 길 한가운데 책상과 침대를 두었다고 해서 거기서 공부를 하거나 잠을 잘 수는 없습니다. 물을 마시려면 컵이 필요하고, 공부를 하고 잠을 자는 생활을 담기 위해서는 방이라는 그릇이 필요합니다. 용변을 보고 샤워를 하는 행위를 담는 그릇으로서의 화장실, 가족이 모여 텔레비전을 보며 이야기를 나누는 행위를 담는 그릇으로서의 거실도 있습니다. 이 모든 것이 합쳐져 집이 됩니다. 이때 집은 밥을 먹고 잠을 자고 공부를 하고 가족끼리 단란한 시간을 보내는 생활을 담는 그릇이 됩니다.

이제 '건축은 생활을 담는 그릇'이라는 말이 이해가 되지요? 그런데 한 번 더 생각해봅시다. 건축이 생활을 담는 그릇이라면, 그 그릇 안에 담긴 생활이란 무엇일까요? 둥근 그릇 안에 담긴 물은 둥근 형태를 띠고, 네모난 그릇 안에 담긴 물은 네모난 형태를 띱니다. 이처럼 건축이라는 그릇은 생활을 담으면서 동시에 그 생활을 조정하고 지배할 수 있습니다.

현대의 아파트는 주방 옆에 식탁이 놓여 있어서 식사 때가 되면 가족들이 둘러앉아 밥을 먹습니다. 식사를 마치면 온 가족이 거실 소파에 앉아 텔레비전을 봅니다. 그런데 조선 시대의 집은 이렇지 않았습니다. 여성이 사용하는 안채, 남성이 사용하는 사랑채로 나누어져 있었습니다. 그리고 사랑채는 아버지가 사용하는 큰사랑과 아들이 사용하는 작은사랑으로 나누어져 있었고, 안채의 안방에는 시어머니가 계시고 건넌방에는 며느리가 살았습니다. 집이 이렇게 나누어진 이유는 삼강오륜 중에 '부부유별', '장유유서'라는 항목이 있었기 때 문입니다. 부부유별이란 아내와 남편 사이에는 분별이 있어야 한다 는 말이며, 장유유서란 노인과 젊은이 사이에는 엄격한 순서와 질서 가 있어야 한다는 뜻입니다. 부부유별을 지키기 위해 남편과 아내는 사랑채와 안채에서 따로 지냈고, 장유유서를 실천하기 위해 아버지 는 큰사랑에, 아들은 작은사랑에 기거했습니다. 시어머니와 며느리 가 각각 안방과 건넌방에서 생활한 것도 같은 이유에서였습니다. 이 렇다 보니 어머니와 아버지가 한방에서 지내는 것도 어색하고, 젊은 아들 부부가 친하게 지내기도 어려웠습니다. 당연히 식사 후에 온 가 족이 둘러앉아 자유롭게 이야기를 나누는 모습도 흔치 않았지요. 이 렇게 조선 시대의 양반가는 부부유별과 장유유서라는 유교적 생활 질서를 담기 위한 집이었으며, 이후에는 그 질서를 더욱 공고히 하는 역할을 했습니다. 유교는 조선 시대의 가장 중요한 지배 담론이었고, 집은 유교를 담기 위한 그릇이자 유교를 실천하는 공간으로 작용합 니다. 이것을 국가 단위로 확대해보면, 건축은 그 시대의 지배 담론 을 국민에게 전파하기 위한 수단으로 작용할 때가 많습니다.

거대한 건축물은 왜 지어졌을까?

이집트의 피라미드는 파라오 즉 왕의 무덤입니다. 왜 이렇게 거대한 건축물을 지었던 것일까요? 피라미드를 짓기 위해서는 많은 인력이 필요한데, 이렇게 많은 사람을 동원하는 것은 왕만이 할 수 있는 일입니다. 피라미드는 왕의 권력을 한눈에 보여주는 상징물인 동시에, 그 앞에서 정기적으로 제례를 지냄으로써 국가를 통합하는 역할을 했습니다. 그리스의 신전도 마찬가지입니다. 고대 그리스는 도시 국가 형태로 존재했고, 도시마다 수호신이 있어서 수호신을 위한 신전을 지었습니다. 국가 간에 전쟁이 있을 때에는 신전으로 달려가 기도를 드렸습니다. 그리스의 신전 역시 국가를 통합하는 역할을 했던 곳입니다. 로마의 콜로세움 역시 마찬가지입니다. 전차 경주를 비롯하여 검투사의 결투, 서커스 공연, 심지어 사람과 동물의 싸움 등 흥미진진한 볼거리를 제공함으로써 시민들이 정치 문제에서 관심을 돌리게 하려는 목적이 있었습니다. 또 로마 시내 곳곳에는 대목욕장이 있었는데 규모가 커서 온탕과 냉탕, 체육 시설, 식당, 토론장 등이 갖추어진 복합 시설이었습니다. 로마 시민들은 낮에는 콜로세움에서 경기를 보고 난 뒤 저녁에는 목욕장에 들러 몸을 씻고 피로를 풀었습니다. 이 모두는 황제가 시민에게 베푸는 시혜여서 공짜로 이용할 수 있었습니다. 이렇게 물질적 풍요를 제공하자 황제가 독재를 하건 말건 시민들은 무관심했습니다.

고대 이집트의 피라미드는 왕의 권력을 한눈에 보여주는 상징물로 국가를 통합하는 역할을 했다.

　　로마가 멸망한 뒤 중세 유럽은 기독교가 지배했습니다. 그리고 콜로세움이나 목욕장 대신 거대한 성당이 지어지기 시작했습니다. 성당은 예배를 보는 행위를 담는 그릇이기도 하면서 기독교로 사회를 통합한다는 중세의 지배 담론을 담는 그릇이기도 했습니다. 그런데 15세기에 르네상스와 종교개혁이 일어나 기독교의 힘이 약화되자 대성당 건축은 수그러듭니다. 대신 "짐이 곧 국가이니라. 짐의 권력은 하늘로부터 받았노라."라는 말로 유명한 절대왕정이 등장하면서 화려한 궁전이 지어지게 됩니다. 역사상 가장 화려한 궁전으로 프랑스의 베르사유 궁전과 루브르 궁전을 꼽는데, 이는 절대왕정을 행사했던 시기에 지어진 것입니다. 절대왕정이라는 거대 권력을 담기 위한 그릇으로서 화려한 궁전이 필요했던 것이지요. 그런데 프랑스대혁명이 일어나 루이 16세와 왕비 마리 앙투아네트가 처형되고, 궁전은 이제 민중의 차지가 됩니다. 특히 왕실의 예술품을 보관하던 루브르 궁전은 박물관이 되어 일반 민중에게도 공개됩니다. 절대왕정이라는 권력을 담았던 그릇이 이제 새롭게 등장한 민중의 생활을 담기 위한 그릇으로 탈바꿈한 것입니다.

절대왕정이 사라지고 민주주의 사회가 된 지금, 세상 어디에도 그렇게 화려한 궁전은 지어지지 않습니다. 대신 요즘 지어지는 가장 화려한 건물은 대기업의 사옥입니다. 서울 강남의 번화가를 걷다 보면 높은 빌딩들이 줄지어 서 있는데, 가만히 살펴보면 대개 대기업의 사옥인 것을 알 수 있습니다. 기업의 사옥은 18세기 전까지는 존재하지 않던 건물 유형입니다. 기업 즉 회사는 18세기 산업혁명기에 탄생하여 20세기에 점차 커지기 시작한 새로운 형태의 권력 집단입니다. 그전까지 가장 부유한 사람은 왕이거나 귀족이었는데, 이제 그들 대신 대기업의 총수 일가가 새롭게 등장하여 그 자리를 차지하게 된 것입니다. 현대사회를 자본주의 사회라고 하는데 바로 그 자본을 가장 많이 소유한 대기업이 가장 강력한 권력 집단이 되었고, 그 권력을 담기 위한 그릇으로 사옥이 등장한 것입니다. 이처럼 건축은 생활과 그 시대의 지배 담론을 담는 그릇으로 작용합니다.

건축의 자리는 제3선

이제 '건축은 생활을 담는 그릇'이라는 말뜻을 조금 이해하겠지요. 그럼 두 번째 질문을 생각해봅시다. 나는 건축가가 되기 전에는 "예쁜 집 많이 지어."라는 말을 많이 들었고, 건축가가 된 후에는 "어떤 건물이 멋진 건물인가요? 저 건물은 잘 지어진 건물인가요?"라는 질문을 많이 받았습니다. 그렇다면 예쁜 집, 멋진 건물, 잘 지어진 건물은 어떤 건물일까요? 건축이 생활을 담는 그릇이라고 한다면, 그 그릇은 되도록 깨끗이 비워져야 합니다. 그래야 더 많은 것을 담을 수 있기 때문입니다.

1970~1980년대 서울을 상징하는 중심 도로였던 세종로는 지금과는 사뭇 다른 모습이었습니다. 일제가 지어놓은 조선총독부 건물을 해방 후에도 중앙청으로 계속 사용하고 있었고, 정부의 주요 행정 부처가 그곳에 몰려 있어 경계가 삼엄했습니다. 독재 정권 시절에는 종종 대학생들의 시위가 벌어졌기 때문에 곳곳에 경찰들이 경비를 서고 있어 그곳을 지나가는 행인들은 공연히 어깨가 움츠러들곤 했습니다. 또 광화문 앞은 지금처럼 광장으로 조성된 것이 아니라 8차선 도로가 뚫린 차도였습니다. 광화문과 중앙청이 있고 정부 종합 청사, 세종문화회관, 미국 대사관이 늘어선 가운데 8차선 도로가 뚫린 멋진 길이었지만 그 길을 걷는 사람은 거의 없었습니다.

그런데 1982년 중앙청이 과천으로 이전한 뒤 1995년에 조선총독

예전에 도로였던 곳을 시민 광장으로 조성한 광화문 광장은 비워냈기에 더 많은 생활을 담을 수 있는 큰 그릇으로 거듭나게 되었다.

부 건물이 헐리고 2009년에 8차선 도로 중 일부가 보행자 전용 도로로 바뀌어 광화문 광장으로 조성되자 이전과는 전혀 다른 공간이 되었습니다. 월드컵 축구 경기가 있는 날에는 거리 응원전이 펼쳐지고 각종 문화 행사나 촛불 시위 등도 벌어집니다. 이런 행사들은 누가 시켜서 나온 것이 아니라 시민들이 자발적으로 참가한 것입니다. 이제 그곳은 시민들의 생활을 담는 큰 그릇이 되었습니다.

청계 광장도 마찬가지입니다. '맑고 깨끗한 시내'라는 뜻의 청계천은 조선 시대에는 한양을 가로지르는 하천이었지만 해방 후 복개 공사를 하여 도로를 만들고 그 위에 고가도로까지 설치했습니다. 교통량을 해소하기 위해서였지만 차들만 쌩쌩 달리는 황량한 도로가 되었을 뿐입니다. 그러다 2003년 복원 사업을 추진하여 고가도로를 철거하고 청계천을 덮은 도로를 없애 2005년 마침내 청계천을 복원했습니다. 그러자 그곳에 생활이 담기기 시작했습니다. 지금 청계천은 서울 시민의 산책 코스이자 도심 속의 하천으로 자리잡았고, 청계 광장은 각종 문화 행사가 열리는 공간으로 거듭나게 되었습니다.

시청 앞 서울 광장은 어떤가요. 예전에는 그곳에 커다란 분수대가 있었고, 분수대를 중심으로 로터리가 형성되어 있었습니다. 당연히 사람은 다닐 수 없고 차들만 통행하는 도로였지요. 하지만 2004년 분수대를 철거하고 광장으로 만들자 시민들의 생활이 담기기 시작했습니다. 각종 문화 행사와 축제가 벌어지고 겨울에는 스케이트장으로 활용되기도 합니다.

광화문 광장, 청계 광장, 서울 광장은 건물을 새로 지은 것이 아니라 기존에 있던 것을 헐어냄으로써 시민들의 공간이 되었다는 공통점이 있습니다. 건축은 생활을 담는 그릇이라고 했습니다. 그렇다면 더 큰 것, 더 많은 것을 담기 위해서는 우선 비워져야 합니다. 내가 가진 그릇에 이미 음식이 담겨 있으면 새로운 음식을 담을 수가 없습니다. 새로운 음식을 받으려면 그릇을 먼저 비워야 합니다. 광화문 광장은 조선총독부 건물을 비워냄으로써 더 큰 민의가 담길 수 있었습니다. 청계 광장은 도로를 헐어내고 고가도로를 철거했기 때문에 문화 광장이 될 수 있었습니다. 서울 광장 역시 분수대를 헐어냈기 때문에 진정한 시민 광장으로 거듭날 수 있었습니다. 자, 이제 어떤 건물이 아름다운 건물인지 답을 낼 때가 되었습니다. 결론부터 말하면, 제3선에 서 있는 건물이 가장 아름답습니다.

도시에서 주가 되어야 하는 것은 사람들의 행위입니다. 따라서 도시의 표정을 결정짓는 사람들의 행위를 담을 만한 공간이 제1선에 나와 있어야 합니다. 제2선에 있어야 할 것은 사람들의 행위를 받쳐주는 스트리트 퍼니처 street furniture입니다. 스트리트 퍼니처는 거리에 놓인 가구와 비슷한 개념입니다. 광장에 많은 사람들이 모이려면 잔디밭이 조성되어 있어야 하고 화장실도 마련되어 있어야 합니다. 뜨거운 햇볕을 막아줄 그늘막도 있어야 하고 차량이 갑자기 광장으로 돌진하는 것을 막아주는 가드레일 같은 안전장치도 있어야 합니다. 자전거를 이용하는 사람들을 위한 자전거 도로와 거치대가 있어

서울 광장에서 북 페스티벌이 열리는 동안 책을 읽을 수 있는 텐트를 마련해놓았다. 분수대를 없애고
광장으로 조성하면서 시민들의 생활이 담기게 되었다.

야 하며, 지하철을 이용하는 사람들을 위해 지하철역과 광장은 섬세하게 연결되어야 합니다. 이렇게 거리에 설치된 시설물을 스트리트 퍼니처라고 하는데, 사람들의 행위를 받쳐줄 수 있도록 제2선에 놓여야 합니다. 침대와 책상이 방 안에 있어야 잠을 자고 공부를 할 수 있듯이, 스트리트 퍼니처는 거리에 적절히 놓여 있어야 사람들의 행위를 받쳐줄 수 있습니다. 그리고 건물은 스트리트 퍼니처와 섬세하고 유기적으로 연결되면서 제3선에 물러나 있어야 합니다. 사람의 행위를 돋보이게 할 뿐 자신은 되도록 드러나지 않을 때, 되도록 깨끗하게 비워져 많은 행위를 담을 수 있을 때 그 건물이 진정 아름다운 건물이 됩니다.

2

광화문
광장

2016년 12월의 어느 날이었습니다. 그곳에는 많은 사람이 모여 있었습니다. 손에 팻말을 든 사람, 머리에 뿔 장식을 단 사람, 가면을 쓴 사람 등 사람들의 모습은 각양각색이었습니다. 마치 무슨 축제를 벌이는 듯했습니다. 사람들은 노래도 부르고 구호도 외치고 하다가 마침내 촛불을 든 채 행진을 시작했습니다. 광화문을 지나 경복궁을 끼고 돌면서 청와대로 향했습니다. 그날 경찰은 시위대의 행진을 청와대 앞 100미터까지 허용했기에 그 앞까지 가는 길이었습니다. 얼마를 걷다 보니 경찰 저지선이 보였습니다. 사람들은 청와대를 향해 일제히 함성을 질렀습니다. 그리고 그해 겨울 박근혜 대통령은 탄핵소추안이 가결되었고, 이듬해 3월 헌정 사상 최초로 파면당한 대통령이 되었습니다.

저마다 손에 든 촛불의 온기 때문이었을까요? 광장을 빽빽이 메운 사람들의 체온 때문이었을까요? 2016년 겨울의 광화문 광장은 결코 춥지 않았습니다. 그런데 그곳은 그날뿐 아니라 30년 전에도, 100년 전에도, 아니 600년 전에도 언제나 열기가 넘치던 역사의 현장이었습니다.

한양의 도시계획

한반도의 중심부에 있는 서울은 조선 시대부터 우리나라의 수도였습니다. 당시 이름은 한양이었고, 일제 시대에는 경성으로 불렸습니다. 수도는 왕이 머무르는 특별한 곳이자 매우 성스러운 곳입니다. 우리나라에서 처음으로 도시에 대한 언급이 나오는 것은 단군신화로, 하늘에서 환웅이 신단수 아래로 내려와 그곳에 도읍을 세우고 신시神市라 이름하였다는 이야기가 나옵니다. 신시는 말 그대로 '신의 도시'라는 뜻으로, 최초의 도시는 신의 도시였던 것입니다. 그래서 수도를 세울 때에는 아무렇게나 함부로 하는 것이 아니라 정해진 규칙에 따라 설계해야 했습니다. 그중 대표적인 원칙이 왕궁 왼쪽에는 종묘를 두고 오른쪽에는 사직을 둔다는 '좌묘우사左廟右社', 조정을 앞쪽에 두고 시장을 뒤쪽에 둔다는 '전조후시前朝後市'입니다.

조선을 비롯하여 중국, 일본 등 동아시아 나라의 수도에서 가장 중요한 시설은 왕궁, 조정, 종묘, 사직, 시장 등 다섯 가지였습니다. 그리고 이것들은 각각 정해진 위치가 있었습니다. 우선 도시의 정가운데에 왕의 궁궐이 남향으로 자리잡게 됩니다. 왕이 남향을 하고 앉았을 때 왼쪽은 동쪽, 오른쪽은 서쪽이 됩니다. 그래서 궁궐의 동쪽에 해당하는 왼쪽에는 종묘를 두고, 서쪽에 해당하는 오른쪽에는 사직을 두라고 했는데 이것을 좌묘우사라고 합니다. 종묘는 역대 왕들의 신위를 모시던 왕실의 사당이었고, 사직은 토지의 신인 사社와 곡식의 신인 직稷의 제사를 지내던 곳입니다. 또한 조정을 앞쪽에 두고 시장을 뒤쪽에 둔다는 전조후시의 원칙도 있습니다. 조정은 아침마다 임금이 신하들을 앞에 세워두고 조회를 하는 마당을 뜻하는데,

궁궐 앞쪽에 놓인 육조 관청을 말합니다. 육조는 이조, 호조, 예조, 병조, 형조, 공조 등 여섯 관청으로서 실질적인 정치를 담당하는 중요한 관청입니다. 그리고 시장은 경제를 담당하는 공간이었으니 전조후시란 곧 궁궐의 앞과 뒤에 정치와 경제를 담당하는 곳을 두라는 의미입니다. 그렇다면 이 원칙이 조선의 한양에도 지켜졌던 것일까요? 실제로 살펴보겠습니다.

한양은 흥인지문, 돈의문, 숭례문, 숙정문 등 사대문 안으로 둘러싸였고, 그 한가운데 조선의 정궁인 경복궁을 두었습니다. 그리고 경복궁 동쪽에 종묘를 두었고, 서쪽에 사직단을 두었습니다. '사직단'은 사직에게 제사를 드리기 위해 지면보다 조금 높게 설치한 단을 말하는데, 지금 그 자리는 사직공원이 되었습니다. 한편 경복궁 앞쪽에는 요즘의 검찰청에 해당하는 의금부, 국회에 해당하는 의정부를 비롯하여 육조 관청이 늘어서 있었습니다. 이를 '육조 거리'라 불렀는데, 이 육조 거리는 한양에서도 가장 중요한 곳이었습니다. 그래서 "광화문 네거리에 가서 물어보자."라는 말도 생겼습니다. 무언가 억울한 일을 당했거나 당연한 것을 자꾸 아니라고 우기는 경우 사람이 많이 모이는 장소에 가서 아무나 붙잡고 한번 물어보자라는 뜻으로 쓰이는 말입니다. 광화문 네거리에는 왕이 사는 경복궁을 비롯하여 의정부, 의금부, 육조 관청이 모두 모여 있었으니 시비를 가장 정확히 가릴 수 있었겠지요. 요즘도 무언가 억울한 일이 있으면 청와대 청원 게시판에 글을 남기거나 국회나 법원 앞에서 1인 시위를 하는 것을

광화문 광장에서 집회를 하는 모습. 조선 시대에 육조 거리로 불렸던 이곳은 지금은 광화문 광장이
되어 민의를 담는 큰 그릇이 되었다.

볼 수 있습니다. 조선 시대에도 마찬가지여서 그 장소가 광화문 네거리였습니다.

이렇듯 경복궁 앞쪽에 조정이 있었다면 전조후시의 원칙에 따라 뒤편으로는 시장이 있어야 합니다. 그런데 시장은 경복궁 뒤편이 아닌 다른 장소에 있었습니다. 조선 시대에 가장 큰 시장은 육의전으로, 지금의 종로 3가에 있었습니다. 비단을 파는 선전縇廛, 명주를 파는 면주전綿紬廛, 무명을 파는 면포전綿布廛, 베를 파는 저포전苧布廛, 건어물을 파는 어물전魚物廛, 종이를 파는 지전紙廛 등 여섯 가지 물품을 판매하는 곳이라서 육의전이라고 합니다.

그런데 조금 이상한 점이 눈에 띕니다. 여섯 가지 품목 중에 네 가지가 옷감이고 나머지는 건어물과 종이입니다. 더구나 옷감은 비단, 명주, 무명, 베 등으로 자세하게 구분되어 있는 반면, 건어물과 종이는 왠지 생뚱맞은 느낌입니다. 그렇다면 쌀, 고기, 과일, 채소 등 매일 사서 먹어야 하는 식료품은 육의전에서 팔지 않았다는 뜻일까요?

옷감, 종이, 건어물은 보관이 쉽고 시간이 지나도 썩거나 상하지 않으며, 또한 쉽게 자르거나 합칠 수 있다는 특징이 있습니다. 따라서 육의전에서 사고팔았던 품목은 식생활에 직접 필요한 물품이라기보다 화폐의 역할을 대신했던 품목입니다. 조선의 세금 중에서 군포를 기억하지요? 군대에 가는 대신 베로 내는 세금을 말합니다. 요즘은 세금을 돈으로 내지만 조선 시대에는 베로 냈습니다. 한편 조선의 궁녀들은 명절 때면 북어포를 선물로 받았다는 기록이 있습니다.

지위가 높은 상궁은 200마리를 받았다고 하는데, 이건 혼자 다 먹을 수 있는 양이 아닙니다. 그래서 먹을 만큼만 남기고 나머지는 고향집으로 보내면 집에서는 그것을 다른 먹을거리로 바꾸었다고 합니다. 즉, 옷감, 건어물, 종이는 화폐처럼 유통되던 품목이었고, 이것을 취급하는 육의전은 일반적인 시장이 아니라 거래소였을 가능성이 높습니다. 요즘의 금 거래소나 증권거래소처럼 말이지요. 대신 사람들이 매일 필요로 하는 쌀, 고기, 과일, 채소 등은 시전에서 사고팔았습니다. 시전은 청계천 주변에 몰려 있었습니다. 그렇다면 이는 경복궁의 뒤쪽이 아닙니다. 종묘와 사직, 육조 관청은 모두 제자리에 있는데 왜 시장만 다른 장소에 있었던 것일까요?

경복궁 뒤편으로는 북악산이라는 바위산이 있어서 시장을 둘 만한 장소로 적합하지 않았습니다. 시장이 들어서려면 사람이 많이 모일 수 있는 넓은 장소가 필요한데 산이 버티고 있으니 마땅치 않았던 것입니다. 오히려 사람이 많이 모일 수 있는 청계천 주변이 훨씬 더 좋았습니다. 그래서 전조후시 원칙에 어긋나게 경복궁의 남쪽인 청계천 주변에 시장이 자리잡게 되었습니다.

가운데 궁궐을 두고 종묘와 사직, 조정과 시장을 갖춘 도시, 이것이 한양이었습니다. 그런데 일제 강점기에 이 정연했던 도시는 훼손을 당합니다. 경복궁 바로 코앞에 일제가 조선총독부를 설치한 것입니다. 이렇게 되자 경복궁과 의정부, 의금부, 육조 관청의 연결은 끊어지고 그 한가운데에 조선총독부가 들어앉은 모양새가 되었습니

조선 시대에 육의전이 있던 자리의 근처 상가. 육의전은 종로 3가 주변으로 지금은 터만 남아 있다.

다. 이는 조선의 전통적인 정치 관계를 끊어버리고 대신 그 자리에 일제가 들어서 정치를 주관하겠다는 속셈이었습니다. 그리하여 일제 강점기에 우리나라의 모든 정치는 조선총독부가 주관하게 되면서 왕이 머무는 경복궁은 그야말로 뒷방 신세가 되고 말았습니다.

육조 거리에서 세종로로

해방이 되자 일제는 물러갔지만 조선총독부 건물은 그대로 남아 중앙청이 되었습니다. 중앙청은 우리나라의 정치와 행정을 총괄하는 건물이었습니다. 일제 강점기가 끝난 이후에도 조선총독부 건물을 계속 사용했던 이유는 마땅한 건물이 없었기 때문입니다. 새 건물을 짓기가 어려워서 우선 급한 대로 일제가 사용하던 조선총독부 건물을 중앙청으로 사용하게 된 것입니다. 그리고 해방 후 3년간의 미군정 시대가 끝난 뒤에는 옛 이조 관청이 있던 자리에 미국 대사관이 들어섰습니다. 요약하자면 일제 강점기에는 경복궁 앞에 조선총독부가 들어섰고, 해방 후 미군정 시대 뒤에는 조선총독부 앞에 미국 대사관이 들어선 것입니다. 이렇듯 광화문 앞 육조 거리에는 일제 강점기, 미군정 시대로 이어졌던 근현대사의 혼란했던 모습이 아로새겨져 있습니다.

육조 거리는 일제 강점기에 '광화문통'으로 불리다가 1946년 '세종로'로 바뀌면서 거듭나게 됩니다. 경복궁, 중앙청, 정부 종합 청사, 세종문화회관, 미국 대사관 등이 들어서 있는 이곳은 우리나라의 심장이라 할 만큼 가장 중요한 거리가 되었습니다.

고등학교에 다닐 때의 일이었습니다. 세종로에 있는 교보문고에서 책을 한 권 샀는데 읽을 만한 장소가 마땅치 않았습니다. 주변을 둘러보다가 문득 중학교 때 경복궁으로 사생 대회를 왔던 기억이 나서 그곳에 가 책을 읽기로 하고 길을 걷기 시작했습니다. 그런데 교보문고에서 경복궁까지 걸어가는 그 길이 몹시 황량하다는 느낌을 받았습니다. 8차선 도로에서 차들만 쌩쌩 달릴 뿐 거리를 걷는 사람이 거의 없었습니다. 얼마쯤 걷다가 힘이 들어서 잠시 쉬고 싶었지만 마땅한 곳이 없었습니다. 그러다가 어느 모퉁이 기둥 옆에 책가방을 막 내려놓은 참이었습니다. 갑자기 날카로운 호각 소리가 들렸습니다. 깜짝 놀라 주변을 살펴보니 눈앞에 헌병이 서 있었습니다. 그는 아무 말도 하지 않은 채 흰 장갑을 낀 손을 들어 손가락만 까딱거렸습니다. 여기서 얼쩡거리지 말고 어서 지나가라는 뜻이었겠지요. 그곳은 미국 대사관 앞이었습니다. 세종문화회관이 세워졌을 때 동양 최고 수준의 문화회관이요, 교보문고는 동양 최대 규모의 서점이라고 신문에 대서특필하던 것이 떠올랐습니다. 하지만 책 한 권을 사서 읽을 만한 장소가 없는데 과연 무엇이 최고 수준이고 최대 규모라는 건지 알 수가 없었습니다.

건축은 생활을 담는 그릇이라고 했습니다. 그렇다면 그릇은 되도록 깨끗이 비워져야 합니다. 비울수록 더 많은 것을 담을 수 있기 때문입니다. 광화문 네거리가 그렇게 황량했던 이유는 '교보문고에서 산 책을 읽는다'라는 행위를 담을 만한 공간, 즉 책을 읽을 수 있는 장소가 없었기 때문입니다. 그러나 21세기에 들어 세종로는 점차 비워지기 시작했습니다. 일단 차도를 축소하고 보행자 광장을 조성했습니다. 세종로라는 이름에 걸맞게 세종대왕 동상을 세운 것도 그 무렵입니다. 이제는 정말 교보문고에서 산 책을 세종대왕의 무릎 아래서 읽을 수 있게 되었습니다. 그뿐만 아니라 또 다른 행위도 담을 수 있게 되었습니다.

2002년 6월 경기도 양주에서 당시 중학교 2학년이던 신효순, 심미

삼일절을 맞이하여 풍물패가 거리 행진을 하고 있다. 공간은 건물로 채우는 것보다 때로 비워져야
더 큰 생활이 담길 수 있다.

선 친구가 훈련 중이던 미군 장갑차에 깔려 숨지는 일이 발생했습니다. 그런데 미군은 사과조차 하지 않았고, 왜 그런 사고가 발생했는지 경위도 정확히 밝혀지지 않았습니다. 다만 유족에게 100만 원의 위로금이 지급되었을 뿐입니다. 게다가 장갑차를 운전하던 미군은 미군 재판정에서 무죄 판결을 받았습니다. 이에 분노한 시민들은 사건의 진상을 정확히 밝혀달라는 의미로 촛불을 들고 광화문 광장에 모여들었습니다. 이때부터 촛불 시위라는 새로운 형태의 시위가 비롯되었고, 과거와는 다른 평화적인 시위로 많은 국민들의 지지를 받으며 새로운 시위 문화로 자리잡게 되었습니다. 그 후로 광화문 광장은 국민의 뜻을 담는 큰 그릇이 되곤 했습니다.

2008년에는 미국산 광우병 소고기 수입을 반대하는 촛불을 들었습니다. 2016년에는 헌법을 무시하고 국정을 농단한 대통령을 탄핵해 달라며 온 국민이 촛불을 들었습니다. 과거를 돌아보면 1987년 전두환 독재 정권에 항의하며 민주화 투쟁을 벌이던 곳도 이곳이었습니다. 조선 시대에는 육조 관청이 있던 육조 거리였고 지금은 광화문 광장으로 불리는 이곳은 예전부터 정치적 의미가 깊은 곳입니다. 조선 시대부터 정치 1번지였고 지금도 가장 중요한 공간이기 때문입니다. 건축은 생활을 담는 그릇이라고 하는데, 광화문 광장은 국민의 뜻인 민의를 담는 큰 그릇인 셈입니다.

어쩌면 이곳에는 지니어스 로사이genius loci가 있는 게 아닐까 하는 생각이 들곤 합니다. '생성', '기원'의 뜻을 지닌 라틴어 진gen, geni

에서 파생된 지니어스genius에는 '천재, 천재성'이라는 뜻도 있지만 '본래적 성질, 기원성' 등의 뜻도 있습니다. 로사이loci는 '장소'를 뜻하는 라틴어입니다. 즉, 지니어스 로사이는 그 장소의 본래적 성격, 다시 말하면 '땅의 정령'이라는 의미로, 그 땅에는 본래부터 어떤 특성을 가진 정령이 살고 있다는 생각입니다. 시간이 지나도 변하지 않는 그 장소의 고유성 혹은 장소성이라 할 수 있는데, 광화문 광장은 조선 시대부터 정치의 중심지로서 민의를 담는 큰 그릇이라는 장소성을 띠고 있다는 생각이 듭니다.

●■▲ 왕의 도시 한양

    우리나라를 비롯하여 중국, 일본 등 동양의 수도는 왕이 머무는 특별한 곳이었습니다. 단군신화에 나오는 최초의 도시가 신시神市이듯 하늘에서 내려온 신이 세운 도시였으므로 수도를 설계할 때에는 우주적 질서에 따랐습니다. 고대 중국인들은 천원지방天圓地方이라 하여, 하늘은 둥글고 땅은 네모나다고 생각했습니다. 하늘이 둥글다는 것은 천구의 형태가 원형이라는 뜻이며, 땅이 네모나다는 것은 땅에서는 어디를 가나 동서남북 네 방향이 있다는 뜻이기도 합니다. 해와 달이 둥글고 꽃과 과일이 둥글듯 하늘에서 신의 솜씨로 지어낸 것은 모두 다 둥글게 생겼습니다. 반면에 땅 위에서 인간의 솜씨로 지어낸 것은 대개 네모나게 생겼습니다. 집이 그러하며, 방과 창문도 네모나게 생겼습니다. 책, 사진, 컴퓨터, 핸드폰 등 인간의 발명품도 네모납니다. 그러니 천원지방이란 하늘에서 신의 솜씨로 지어낸 것은 둥글고, 땅 위에서 인간의 솜씨로 지어낸 것은 네모나다라고 해석할 수 있습니다. 따라서 수도를 설계하는 일은 하늘의 질서를 땅 위에 인간의 솜씨로 다시 지어내는 작업이었다고 볼 수 있습니다.

    중국의 우주관에 의하면 하늘에는 곤륜산이라는 높은 산이 있고, 그 산에 하늘나라의 왕인 황제가 살고 있다고 생각했습니다. 황제를 중심으로 동쪽에는 청제장군, 서쪽에는 백제장군, 남쪽에는 적제장군, 북쪽에는 흑제장군이 있었습니다. 푸른 옷을 입고 있는 청제장군은 봄을 상징하며, 붉은 옷을 입고 있는 적제장군은 여름을, 흰 옷을 입고 있는 백제장군은 가을을, 검은 옷을 입고 있는 흑제장군은 겨울을 상징하는데, 이 네 장군의 역할은 동서남북 사방을 주관하면서 황제를 보좌하는 것이었습니다.

이러한 우주관은 고구려 벽화의 사신도에도 나타납니다. 왕이나 귀족 등 신분이 높은 사람의 무덤에는 가운데 시신을 두고 사방에 벽화를 그립니다. 왼쪽에는 청룡, 오른쪽에는 백호, 남쪽에는 주작, 북쪽에는 현무를 그리는데, 이는 정가운데에 위치한 무덤 주인을 네 마리의 신령한 짐승이 수호한다는 뜻입니다. 그러고 보니 풍수지리에서 흔히 말하는 '좌청룡 우백호 남주작 북현무'와도 의미가 통합니다. 이를 도시를 설계할 때 적용하면 전조후시, 좌묘우사가 되는데, 이처럼 동양의 도시에는 이런 우주관이 녹아 있습니다.

●■▲ 세종로의 세종문화회관

박정희 대통령은 1978년 세종로를 재정비하고 세종문화회관을 세웠습니다. 이후 세종문화회관은 우리나라를 대표하는 종합 문화 공간으로서 각종 행사와 공연, 전시 등을 도맡아왔습니다. 그런데 경복궁과 중앙청 앞에 문화회관을 세웠던 이유는 무엇일까요?

박정희 대통령은 근대화와 공업화를 추진하여 경제성장을 일구어내기는 했지만 그 과정에서 독재정치를 했습니다. "로마의 정치는 빵과 서커스였다."라는 말이 있습니다. 여기서 빵은 먹을거리를 말하고,

서커스는 오락거리를 뜻합니다. 기본적인 먹을거리와 오락거리를 제공하면 사람들은 일상생활에 만족하면서 지도자가 독재를 하건 말건 크게 신경을 쓰지 않는다는 의미입니다. 그래서 로마의 황제는 시민들이 정치에 무관심하도록 빵과 서커스를 제공했습니다. 가난한 사람에게는 매일 빵을 하나씩 주었고, 로마 곳곳에 극장과 경기장을 설치하여 신나는 구경거리를 보여주었습니다. 가장 대표적인 것이 콜로세움으로, 지금도 로마에 가면 유적으로 남아 있습니다. 콜로세움에서는 짐승과 인간 검투사와의 무시무시한 혈투가 벌어지기도 했으며, 때로는 황제도 직접 참석하여 시민들과 함께 경기를 관람했습니다. 이처럼 흥미진진한 구경거리를 제공하여 시민들의 관심을 정치가 아닌 다른 곳에 돌리는 수법이 '빵과 서커스'입니다. 이것이 20세기에 우리나라에서 재현됩니다.

박정희 대통령은 조국을 근대화해야 한다는 생각으로 곳곳에 공장을 짓고 산업을 중시했습니다. 그러자 일자리가 늘어나면서 국민소득이 예전보다 많이 나아졌으니 '빵'은 해결되었고, 이제 '서커스'가 필요해진 것입니다. 그렇다고 로마 시대처럼 경기장을 지어 짐승과 사람의 결투 장면을 보여줄 수는 없는 노릇이어서 세종문화회관을 지어 연극, 무용, 오페라 등을 보여주었습니다. 그런데 정부가 주관하는 공연에는 항상 교훈이나 정치적 이념이 담기게 마련입니다. 박정희 대통령은 군인 출신으로 5·16 군사 쿠데타로 대통령이 되었다는 떳떳지 못한 과거가 있습니다. 그래서 이를 미화하기 위해 임진왜란 때 나라를 구했던 이순신 장군과 자신의 이미지를 동일시하고자 했습니다. 그 방편으로 세종로 복판에 이순신 장군 동상을 세웠던 것입니다. 그리고 장충동에 있는 국립극장이 문을 열 때 처음 공연한 연극이 「성웅 이순신」이었습니다. 이처럼 나라에서 제공하는 '서커스'에는 정치적 의미가 많이 담깁니다.

3

지니어스 로사이
: 용산과 이태원

그날 이태원의 풍경은 조금 낯설었습니다. 검은 망토에 검은 모자를 쓴 마녀가 있는가 하면, 소복을 한 채 머리를 풀어 헤친 처녀 귀신도 있었습니다. 도깨비, 좀비, 드라큘라도 있었고, 게임이나 만화 캐릭터도 있었습니다. 실은 진짜 마녀와 귀신이 아니라 사람들이 저마다 분장을 하고 나타난 것입니다. 어둠이 내리기 시작하는 늦가을의 거리에는 세계 여러 나라의 귀신들이 나와 거리낌없이 한데 어울렸습니다. 거리를 걷다 보니 이상하고 낯선 풍경도 어느새 익숙해지면서 점차 신이 나고 흥겨워지기 시작했습니다. 그날은 10월의 마지막 날인 핼러윈데이였습니다.

핼러윈데이 축제는 10~20년 전만 해도 서양에서나 즐기던 풍습이었지만 어느새 우리의 일상 속으로도 들어왔습니다. 이날만큼은 귀신 분장을 한 채 거리를 돌아다녀도 아무도 이상하게 생각하는 사람이 없습니다. 핼러윈데이 축제는 이태원, 신촌, 홍대 앞 등 곳곳에서 벌어지는데 이태원에서 하는 것이 가장 규모가 큽니다. 이태원에는 이국적 색채를 띤 카페와 식당이 많아서 거리 자체가 외국의 어느 풍경과 비슷하고 외국인도 많아 마치 외국에 와 있는 듯한 느낌이 들 때도 있습니다. 그런데 이태원은 지금뿐 아니라 조선 시대부터 이런 곳이었습니다.

이태원 거리에서 외국인 축제가 벌어지고 있다. 이태원은 지금뿐 아니라 조선 시대에도 외국인이 많이 사는 곳이었다.

용산

　이태원에는 외국인이 많이 살고 있으며, 거리에는 한국어 간판보다 외국어 간판이 더 많이 보입니다. 예전에는 미군도 많았는데, 인근의 용산에 미군 기지가 있었기 때문입니다. 따라서 이태원의 성격을 정확히 알기 위해서는 우선 용산에 대해 알아보아야 합니다. 지금은 미군 기지가 완전히 이전했지만 왜 예전에는 이곳에 미군이 주둔했던 것일까요?

　용산에는 조선 시대부터 큰 군사 기지가 있었습니다. 지형상 용산을 지나면 바로 남대문으로 이어지는데, 남대문이 뚫리면 한양이 바로 함락되므로 용산은 한양의 남쪽을 지키는 중요한 군사적 요지였습니다. 그래서 남쪽의 군영이라는 뜻으로 '남영南營'이라 이름 붙이고 군사들을 주둔시켰습니다. 남쪽에서 쳐들어오는 적은 대개 왜구였습니다. 그러니 일제 강점기에 일본이 남영을 그냥 놔둘 리가 없었습니다. 조선의 군영을 해체한 뒤 그 자리에 일본군을 주둔시켰습니다. 그러자 용산과 그 주변인 후암동 일대에 일본인이 많이 살게 되었습니다. 그리고 용산과 가까운 남산에는 신사神社 조선신궁을 설치했습니다. 신사는 일본식 사당을 말합니다

　지금도 남산공원을 오르다 보면 가파른 오르막길에 계단이 설치되어 있는데 그것이 조선신궁으로 오르던 길입니다. 우리나라 곳곳에 크고 작은 사찰이 있듯, 일본에는 도시 곳곳에 신사가 있습니다.

한양이 내려다보이는 남산 중턱에 세워진 조선신궁은 규모가 매우 커서 당시 조선에 세워진 여러 신사의 총본산 격에 해당했습니다. 여의도 공원 면적의 두 배에 가까운 넓이에 15채의 건물로 이루어져 있었다고 하니 얼마나 컸는지 짐작할 수 있습니다. 그런데 조선에 거주하는 일본인이 조선신궁에 참배하기 위해 남산에 모여들자 남산 아래 명동이 갑자기 번화해졌습니다.

명례방에서 명치정, 명동으로

명동은 조선 시대에는 행정구역상 명례방明禮坊이었지만, 사람들은 흔히 묵적골이나 남산골이라 부르던 조용한 동네였습니다. 이곳에는 주로 벼슬을 하지 못한 가난한 선비들이 살았습니다. '남산골 샌님'이라는 말을 들어본 적이 있을 것입니다. '샌님'은 '생원님'을 줄여 부르는 말인데, 과거 시험 중에서 소과인 생원과에 합격한 사람을 이르는 말입니다. 과거 시험은 예비시험에 해당하는 소과小科, 본시험에 해당하는 대과大科로 나뉘어 있었는데 생원이나 진사 시험은 소과에 속합니다. 생원이나 진사 시험에는 합격했지만 대과에는 합격하지 못해 벼슬을 하지 못한 선비를 일러 생원, 진사라 했는데 남산골에는 이러한 생원들이 많아 '남산골 샌님'이라 불렀습니다. 벼슬을 못해 가난했지만 지조가 강하고 자존심이 센 선비를 이르는 말입니다. 그

명동 입구에 세워진 조선은행은 기존의 육의전과 경시서를 대체할 새로운 시설이었다. 지금은 한국은행 화폐박물관으로 바뀌었다.

러고 보니 「허생전」의 허생이 사는 곳이 남산골인데, 벼슬을 하지 못해 골방에 틀어박혀 글만 읽는 샌님으로 묘사되어 있습니다.

이렇게 조용하던 마을이 일제 강점기에 갑자기 번성해지면서 이름도 명례방에서 일본 메이지^{明治} 왕의 이름을 따서 명치정^{明治町}으로 바뀌게 됩니다. 그리고 서양식 극장, 양복점, 양장점, 양화점, 요릿집 등 당시 일본에서도 최신 문물인 건물들이 이곳에 들어섰고, 최초의 백화점인 미쓰코시백화점과 최초의 은행인 조선은행도 세워졌습니다.

미쓰코시백화점은 우리나라 최초의 백화점으로 조선은행 맞은편에 있었다. 지금은 신세계백화점 본점으로 사용되고 있다.

　한양의 상권은 본래 종로를 중심으로 발달해 있었습니다. 골방에서 글만 읽던 남산골 샌님 허생이 아내의 성화에 못 이겨 돈을 벌기 위해 집을 나서 제일 먼저 찾아간 곳이 바로 이곳, 사람이 구름처럼 모여든다는 뜻에서 '운종가'라고 불리던 종로였습니다. 앞서 여섯 가지 물품을 팔던 육의전과 일상 생활용품을 팔던 시전이 종로에 있었다고 했습니다. 지금의 금 거래소나 증권거래소와 비슷했던 육의전은 물가 조절이나 통화 관리 역할도 했던 것으로 보입니다. 그런데 명치정에 세워진 조선은행은 지금의 한국은행과 같은 국책은행으로, 화폐를 발행하고 통화량을 조절하는 곳입니다. 다시 말해 육의전을 대체하는 새로운 시설로 조선은행을 설립하고, 시전을 대체하는 시설로 백화점을 지은 것이라 할 수 있습니다.

그러고 보니 일제가 세운 건물에는 공통점이 있습니다. 정치를 장악하기 위해 경복궁 앞에 조선총독부를 세우고, 군사를 장악하기 위해 남영이 있던 자리에 일본군을 주둔시키고, 문화를 장악하기 위해 남산 국사당이 있던 자리에 조선신궁을 세우고, 경제를 장악하기 위해 종로의 육의전과 시전을 대체하는 조선은행과 백화점을 명치정에 세웠던 것입니다.

그 후 해방이 되었습니다. 명치정은 지금 명동이 되었고, 조선은행은 한국은행 화폐박물관이 되었으며, 미쓰코시백화점은 신세계백화점으로 명칭이 바뀌어 지금도 그 자리에서 백화점 영업을 하고 있습니다. 조선 최초의 서양식 극장이던 시공관市公館은 현재 명동예술극장이 되었습니다. 100년 전 일본인이 많이 살아서 가장 번화하고 일본어가 끊이지 않던 거리엔 지금도 여전히 일본인이 많습니다. 명동을 걷다 보면 일본인 관광객을 심심찮게 볼 수 있습니다. 어쩐지 이곳에도 지니어스 로사이가 있는 게 아닌가 하는 생각이 듭니다.

해방 후의 용산

일제가 패망하여 물러나며 용산에 주둔하던 일본군이 철수하자 그 자리에 미군이 주둔하게 됩니다. 여기에는 역사적 아픔이 있습니다. 우리의 힘으로 독립을 쟁취한 것이 아니었기 때문에 해방 후에도 계속 미군이 주둔하면서 우리의 정치에 한동안 관여하게 됩니다. 이 때가 미군정 시대입니다. 앞서 세종로의 경복궁 앞에 조선총독부가 세워지고 해방 후에는 미국 대사관이 그 앞에 세워졌다는 이야기를 한 바 있습니다. 경복궁, 조선총독부, 미국 대사관으로 이어졌듯이 용산 역시 조선의 군영이었다가 일본군 주둔지가 되고 다시 미군 기지가 되었습니다. 이는 우리나라 근현대 정치사의 아픈 모습을 그대로 보여줍니다.

군사 시설은 군대가 생활하고 훈련하는 곳이기 때문에 넓은 땅이 필요합니다. 조선의 남영 자리에 들어선 미군 기지는 약 80만 평이나 됩니다. 서울 도심 한가운데 그렇게 넓은 땅을 차지하고서 한국인은 들어갈 수가 없는 완전한 치외법권 지대를 형성했습니다. 그곳에서 무슨 일이 일어나건 한국 경찰은 전혀 관여할 수가 없었습니다. 주한 미군은 1만 명 정도가 있었던 것으로 보이는데 군인만 있는 것이 아니라 군인 가족과 군 관련 업무를 보는 사람도 있었습니다. 군인을 비롯한 군 가족과 군속들이 증가하자 용산 인근의 이태원이 새롭게 번성하기 시작했습니다.

이태원

　이태원은 조선 시대에 역원驛院이 있던 곳입니다. 지금 서울과 지방 각지를 연결하는 고속도로가 뚫려 있듯이 조선 시대에도 한양과 지방을 연결하는 도로가 있었습니다. 파발마가 다니면서 왕명을 전달하고 지방에서 무슨 일이 생기면 얼른 한양으로 연락을 하는 통신로이자 교통로였습니다. 고속도로 중에서 가장 먼저 개통된 것이 서울과 부산을 연결하는 경부고속도로인데, 조선 시대에도 한양과 경상도 지역을 연결하는 영남로嶺南路가 있었습니다. 역원은 지금의 고속도로 휴게소에 해당하는 것으로, 말을 바꿔 타거나 밤이 늦으면 관리들이 묵어가는 공공 여관 역할을 했습니다. 이태원은 영남로로 가는 첫 번째 역원이어서 영남로를 통해 남쪽에서 올라오는 외국 손님이나 사신들이 많이 드나들었습니다. 지금도 이태원과 인근의 한남동에는 필리핀, 노르웨이, 덴마크, 세네갈, 스리랑카, 피지, 사우디아라비아 등 외국 대사관이 많습니다. 조선 시대에는 외국 사신이 많이 드나들었고, 지금은 외국 대사관이 많이 있는 것이 어쩐지 공교롭습니다.

　해방 후 용산에 미군 기지가 생기면서 미군과 그 군속들이 몰려 살게 되었습니다. 그러자 이태원에는 미군을 상대로 하는 술집과 식당, 카페뿐만 아니라 한국인은 드나들 수 없는 나이트클럽과 도박장도 생겼습니다. 지금은 해외여행도 많이 다니고 방송과 인터넷을 통해 외국 문물을 많이 접하고 있지만 1970~1980년대만 해도 해외여행 은커녕 길거리에서 외국인을 만나는 일이 드물었습니다. 그러한 때에 한국인보다 외국인이 더 많은 이태원의 거리는 낯선 세계였습니다. 더구나 미군들은 한국 군인과 생활 습성도 많이 달랐습니다. 월급을 받고 복무하는 직업군인이었기 때문에 하루 일과가 끝나는 저녁과 주말에는 자유롭게 외출을 하여 술집과 유흥업소를 드나들었습니다. 그리고 이들의 신분은 주한 미군, 즉 한국에 주둔하는 미군이자 미국 국민이기 때문에 우리나라 법이 아닌 미국법을 따랐습니다. 그러니 한국 땅에서 잘못을 저질러도 한국 경찰이 관여할 수가 없었습니다. 한국인과 시비가 붙어 싸움을 해도 부대로 복귀해버리면 체포가 불가능했습니다. 음주 운전, 절도, 폭행, 심지어 살인 등 심각한 범죄를 저질러도 마찬가지였습니다. 미군 측에서는 그들의 신변을 보호해주었고, 미국으로 돌아가버리면 그것으로 끝이었습니다. 그러다 보니 한국인으로서는 이태원에 가는 것이 어쩐지 불편하게 느껴지기 시작했습니다. 분명 한국 땅이면서도 어쩐지 한국이 아닌 곳, 이태원은 외국인, 특히 미군이 주인 행세를 하는 기형적인 곳이었습니다.

이렇듯 어두운 역사도 있었지만 2000년대부터 미군 기지가 서서히 이전하면서 이태원의 성격도 변하기 시작했습니다. 거리에 미군들의 모습이 사라지고 한국인의 출입을 금지하던 술집이나 클럽, 카지노 등도 없어졌습니다. 외국인을 상대로 했던 카페나 식당, 레스토

용산의 미군 기지가 평택으로 이전하면서 이곳을 공원으로 조성할 계획이다. 미군 시설로 쓰이던 건물이 지금은 용산 공원 갤러리로 바뀌었다.

랑은 이국적인 모습을 그대로 유지한 채 한국인 손님을 받았고, 맛집과 독특한 카페가 들어서면서 새로운 명소가 되어갔습니다. 또한 외국인이 많이 살던 동네의 특성을 살려 매년 10월이 되면 외국인 거리 축제도 열기 시작했습니다. 그중에서 가장 신나는 축제가 핼러윈 데이입니다. 본래는 미군을 비롯한 외국인들이 즐기던 풍습이었지만 이제는 우리나라 사람들도 많이 참가하여 그날 하루를 맘껏 즐깁니다. 드라큘라, 좀비, 가오나시, 구미호 등 세계 여러 나라의 귀신으로 분장을 한 채 한국인과 외국인이 어울려 거리를 거니는 모습을 보고 있으면 문득 이태원의 지니어스 로사이는 이런 것이 아닐까 하는 생각이 듭니다. 고려 시대 이후 거란족, 여진족, 일본인 등 외국인이 많이 살았고 외국 문물을 거리낌없이 받아들였던 곳, 지금도 수많은 외국 대사관이 있는 곳, 바로 이것이 이태원의 시니어스 로사이가 아닐까요?

이제 용산은 다시 한번 변모하고 있습니다. 미군 기지가 평택으로 완전히 이전하면 80만 평의 넓은 땅이 서울 시민의 품으로 돌아올 예정입니다. 일제가 러일전쟁을 빌미로 그곳에 일본군을 주둔시킨 것이 1904년이니 114년 만의 일입니다. 일본군도 미군도 모두 물러난 땅을 서울시는 뉴욕의 센트럴파크와 비슷한 생태 공원으로 조성할 계획입니다. 본래 우리 땅이었지만 미군의 치외법권 지역이어서 우리는 전혀 들어가볼 수 없었던 땅, 서울의 한가운데를 차지하면서 섬처럼 고립되어 있던 땅, 그 땅이 이제 진정한 우리 땅이 된 것입니다. 서울 시민의 큰 사랑을 받는 아름다운 장소로 거듭나고, 그 땅에도 새로운 지니어스 로사이가 깃들기를 바랍니다.

●■▲ 모든 길은 한양으로 통한다

"모든 길은 로마로 통한다."라는 말을 들어보았을 것입니다. 흔히 고대 로마제국이 모든 문명의 중심지였다는 것을 은유적으로 표현한 말이라고 생각하지만, 실제로 유럽의 모든 길은 로마로 연결되어 있었습니다. 로마는 방대한 속주를 거느렸는데, 속주를 개척할 때 가장 먼저 한 일이 로마와 연결된 도로를 건설하는 일이었습니다. 이러한 도로는 황제의 명을 전달하고, 세금을 징수하고, 반란이 일어났을 때 군대를 파견하여 제압하는 역할을 했습니다. 로마뿐 아니라 모든 국가는 왕명 전달과 세금 징수의 목적으로 수도와 지방 각지를 연결하는 도로를 개설했습니다. 조선도 마찬가지였습니다. 한양과 지방 각지를 연결하는 도로를 건설하고 곳곳에 역원을 두어 공무로 지방을 오고 가는 관리들의 숙소로 사용했습니다. 물론 일반 백성들도 도로를 자유롭게 이용할 수 있었는데, 사람이 많이 다니자 사대원四大院 근처에 독특한 시장이 생기기도 했습니다. 사대원이란 한양에서 동서남북 지방으로 나가는 각 도로의 첫 번째 역원을 말합니다.

서대문돈의문 밖에는 홍제원지금의 홍제동이 있었는데, 한양과 의주를 연결하는 길이어서 중국 사신들이 들어오는 길목이기도 했습니다. 사신들이 성안으로 들어오기 전에 하룻밤을 묵던 곳으로, 예전에는 떡집과 술집이 많았다고 합니다. 그리고 동쪽의 광희문 밖을 나서면 전관원이 있었고, 동대문흥인지문 밖에는 강원도 지역을 연결하는 영동로의 첫 번째 역원인 보제원지금의 안암동이 있었습니다. 보제원은 국가 공무로 여행하는 관리들의 숙소였을 뿐만 아니라 가난한 사람들을 치료하고 약과 음식을 나눠주는 구휼 기관이기도 했습니다. 또한 강원도와 한양을 연결하는 길목이다 보니 강원도에서 약재를 캐서 한양으로 들어오는 사람도 많았습니다. 이들은 보제원 인근의 제기동에서 약재를 팔았는데, 지금도 안암동 인근의 제기동과 경동시장은 한약재를 파는 시장으로 유명합니다. 이곳에 들어서면 거리는 한약을 끓이는 약재 냄새가 풍겨오는데 조선 시대부터 그러했을 것입니다. 그 유래는 영동로의 보제원이 있었기 때문입니다.

남대문숭례문 밖의 이태원에는 고려 시대에 귀화한 거란족과 여진족 외에도 임진왜란 때 포로로 잡혔다가 귀화한 일본인도 많이 살았습니다. 역원이 있어 외국 사신들도 많이 드나들다 보니 이국적인 문물도 많이 들어왔는데, 그중에 유명한 것이 건차乾茶라 불리는 홍차였습니다. 본디 우리나라에서는 녹차를 즐겨 마셨는데, 녹차를 한 번 발효시켜 만든 것이 홍차입니다. 당시 조선에는 발효시킨 차가 없었지만 이태원에 사는 거란족과 여진족들이 홍차를 만드는 기술을 가지고 있어서, 홍차를 마시기 위해 이태원에 가는 선비들이 있었다고 합니다. 지금은 터키 요리, 태국 요리 등 세계 여러 나라의 음식을 맛보기 위해 이태원에 가는 사람이 많습니다.

●■▲ 핼러윈데이의 유래

미국과 유럽에서는 기독교를 믿는 사람이 많은데, 3세기경 로마의 콘스탄티누스 황제가 기독교를 공인했기 때문입니다. 기독교가 공인되기 전 유럽에는 전통적인 토속 종교가 있었습니다. 영화 「해리포터」에 나오는 요정들은 본래 유럽 토속 종교의 신들입니다. 그런데 기독교가 유럽에 퍼지면서 기존의 토속 신앙과 종교는 박해를 받기 시작했습니다. 그렇지만 아무리 기독교가 우세해도 이미 많은 사람들의 생활 관습으로 자리잡은 토속 신앙을 하루아침에 부정하기는 어려운 법입니다. 그래서 1년 중에 딱 하루만은 전통 종교의 신들을 인정해준 것이 핼러윈데이입니다. 모든 성인의 날이라는 의미로 '만성절'이라 부르기도 합니다.

기독교에서는 새해의 시작을 1월 1일로 보지만, 북유럽의 켈트족은 늦가을에서 겨울로 접어드는 11월 1일에 새해가 시작된다고 믿었습니다. 하루 전날인 10월의 마지막 날은 묵은 해를 보내는 날이 되는데, 이날 하루만은 토속 신앙을 인정해주었던 것입니다. 실제 핼러윈데이에 등장하는 귀신들은 유럽 토속 종교의 신이었을 가능성이 높습니다. 핼러윈데이에 빠지지 않고 등장하는 것 중의 하나가 마녀인데, 마녀는 기독교가 들어오기 전 유럽 토속 신앙의 여사제나 무녀였을 것으로 추정됩니다. 그 때문에 지금도 핼러윈데이가 되면 마녀를 비롯하여 「해리포터」 속 요정과 귀신은 물론 한국의 도깨비와 처녀 귀신도 한데 어우러집니다.

4

젠트리피케이션
: 북촌과 서촌

2018년 6월 서울에서 한 세입자가 건물 주인을 찾아가 망치를 휘두른 사건이 있었습니다. 그는 서촌에서 족발집 가게를 운영하던 사람이었습니다. 비록 자기 건물은 아니었지만 10년 동안 성실히 가게를 운영해온 덕분에 손님도 많아졌고 가게도 유명해졌습니다. 그런데 건물 주인이 월세를 턱없이 올렸습니다. 한 달에 297만 원이던 임대료를 1,200만 원으로 무려 4배나 올린 것이었습니다. 그렇게 갑자기 월세를 많이 올리면 힘이 드니 조금 낮추어달라고 했지만 건물 주인은 듣지 않았습니다. 오히려 월세를 내기가 어려우면 다른 가게를 알아보라고 말했습니다. 도대체 어디로 가야 할지 막막해하던 참인데 어느 날 갑자기 낯선 사람들이 들이닥치더니 가게의 집기를 들어내기 시작했습니다. 지난 10년간 정성 들였던 가게가 하루아침에 물거품이 되는 순간이었습니다. 이에 너무 화가 난 족발집 사장은 건물 주인을 찾아가 망치를 휘두르고야 말았습니다. 이것이 '서촌 궁중족발집 사건'입니다. 그런데 하고많은 곳 중에서 왜 서촌에서 이런 일이 일어난 것일까요? 건물 주인은 왜 갑자기 임대료를 4배나 올렸을까요? 그리고 보니 요즘 서촌 외에 북촌도 유명한 것 같습니다. 서촌과 북촌은 어떤 동네였으며, 요즘 갑자기 유명해진 이유가 무엇일까요?

북촌과 서촌

북촌은 경복궁 북동쪽에 자리잡은 가회동, 삼청동, 팔판동 등을 말하고, 서촌은 경복궁 서쪽에 위치한 옥인동, 통인동, 효자동 등을 가리킵니다. 북촌과 서촌은 조선 시대부터 제법 유명한 동네였습니다. 한양은 전조후시의 원칙에 따라 경복궁 앞쪽에 육조 관청을 두었는데, 이 관청으로 출퇴근을 하는 고위 관료들이 살던 동네가 북촌이었습니다. 요즘은 서울 외곽의 신도시에서 시내 중심가에 있는 사무실로 출퇴근하는 사람이 많습니다. 그러나 자동차가 없던 조선 시대에는 걷거나 말 또는 가마를 타고 다녔기 때문에 가까운 거리에 살아야 했습니다. 특히 전화 같은 통신 수단이 없어서 저녁때나 휴일에 무슨 일이 생기면 하인이 곧바로 달려가 소식을 전달할 수 있도록 가까운 곳에 살았습니다. 이들이 살던 집이 궁에서 가까운 가회동, 삼청동, 팔판동 등에 몰려 있었고, 경복궁 북동쪽에 있다고 해서 북촌이라 불렀습니다. 주로 고위 관료, 왕족, 사대부들이 사는 곳이라서 집터도 넓고 집도 크고 좋았습니다.

한편 경복궁에는 정승이나 판서와 같은 높은 벼슬아치들만 있는 것이 아니었습니다. 허드렛일을 하는 낮은 신분의 관리도 있었고, 왕 옆에서 잔심부름을 하던 내관들도 있었습니다. 이들도 출퇴근을 했기 때문에 경복궁에서 가까운 곳에 살았는데, 주로 궁의 서쪽인 옥인동, 통인동, 효자동 등에 몰려 살았습니다. 서촌이라 불리던 이곳은 북촌보다는 집터도 좁고 집도 그리 크지 않았습니다. 이처럼 조선 시대에는 경복궁을 중심으로 고위 관료들이 사는 북촌과 하위 관료들이 사는 서촌이 있었습니다.

그런데 일제 강점기에 이곳의 성격이 변하게 됩니다. 일본이 지배하면서 왕은 허수아비나 다를 바 없이 되어갔고 육조 관청의 벼슬아치들도 점점 몰락해갔습니다. 예전처럼 넓은 집에서 하인을 거느리고 떵떵거리며 살 수가 없게 된 것입니다. 북촌의 양반들이 하나둘 떠나자 그들이 살던 넓은 집은 필지로 나뉘어 팔리기 시작했습니다. 이를테면 100평짜리 넓은 집터가 30평, 30평, 40평 등으로 나뉘어 팔린 것입니다. 한편 이때가 되면 조선도 도시화가 진행되면서 핵가족이 등장하게 되는데, 이들이 도시에서 살 집이 필요하게 되었습니다. 큰 집이 더는 필요 없게 된 몰락한 양반과 도시에 살게 되면서 작은 집이 필요하게 된 핵가족, 이들을 연결한 것은 집장수들이었습니다. 집장수란 요즘으로 하면 집을 지어 파는 건축업자를 말합니다.

도시의 빌라들이 대개 비슷비슷하게 생겼듯 당시 집장수들이 지어 파는 집도 거의 비슷하게 생겼습니다. 예전처럼 안채, 사랑채, 행랑채, 별채 등과 같이 용도에 따라 각각의 건물로 짓는 대신 마루, 안방, 건넌방, 작은방 등이 있는 ㄷ자 형 안채에 사랑방과 문간방이 있는 一자형 문간채가 딸린 형태였습니다. 이렇게 되자 집은 전체적으로 ㅁ자 형이 되었고, 마루 하나에 방이 3~4개 정도 있어서 요즘의 30~40평 아파트와 규모가 비슷했습니다. 이런 집들이 1920~1930

년대에 가회동에 많이 지어지면서 개량 한옥 혹은 ㅁ자 한옥이라 불리게 됩니다. 창호지 문 대신 유리창을 달고, 담벼락에는 타일을 붙이고, 지붕에는 함석으로 민든 물받이를 대는 등 변하는 시대에 맞게 개량된 형태였습니다. 안마당에는 수돗가를 두고 조그만 마당을 꾸미기도 했습니다. 이런 집들이 북촌 근처에 많이 있었기 때문에 해방 후 북촌은 개량 한옥을 보존하자는 뜻에서 한옥 보존 마을로 지정되었습니다.

하지만 북촌의 한옥에 살던 사람들은 1970~1980년대에 들어 점점 불편해지기 시작했습니다. 헌 집을 헐고 새로 짓거나 수리를 해서 현대적으로 개조하는 일이 금지되었기 때문입니다. 한옥을 보존하기 위해서였지요. 또 그때는 한옥을 헐고 양옥집이라 불리는 현대식 주택으로 새로 짓는 것이 유행하던 시기였습니다. 하지만 한옥의 본래 모습을 그대로 보존해야 한다고 새 집을 짓지 못하게 했습니다. 1920~1930년대에 지어진 것이라 집이 낡아 수리를 하고 싶어도 원래의 한옥 모습을 변형하지 않는 한도 내에서만 수리가 가능했습니다. 그러니 내부 인테리어를 현대적으로 할 수도 없었습니다. 게다가 당시에는 강남이 개발되자 강북의 부자들이 집을 팔고 강남으로 이사를 가는 일도 많았습니다. 그런데 북촌 사람들은 한옥 보존 마을로 지정되었기 때문에 집이 잘 팔리지 않아 이사를 갈 수도 없었습니다.

그러다가 1990년대 말부터 규제가 완화되어 한옥을 현대적으로

북촌은 조선 시대에 고위 관료들이 몰려 살던 부촌으로, 해방 후 한옥 보존 마을로 지정되었다.

수리할 수 있게 되었습니다. 마침맞게 건축 기술이 개발되어 한옥의 모습을 변형하지 않고도 수리가 가능해졌기 때문입니다. 그리고 한옥은 낡고 불편한 집이라는 인식이 사라지면서 북촌의 한옥 마을이 유명해지기 시작했습니다.

예전에는 낡고 오래된 집이라 하여 한옥을 꺼렸는데 요즘에는 오래된 한옥을 사다가 깨끗이 수리를 해서 쓰는 사람들이 생겼습니다. 마당이 있는 집에서 살아보는 것이 꿈이었지만 서울은 단독주택의 값이 비싸서 엄두를 못 내던 이들이었습니다. 마당 딸린 집에서 살자면 결국 서울을 벗어나 경기도로 가야 하는데 학교나 직장 때문에 멀리 이사를 갈 수도 없었습니다. 그런데 북촌은 서울 시내에 있으면서 그동안 개발이 제한되어 집값이 좀 쌌던 것입니다. 이렇게 해서 북촌의 한옥을 사다가 수리해서 사용하는 사람이 늘었고, 식당이나 카페로 개조하여 장사를 하는 사람도 생겼습니다. 외국인을 상대로 하는 전통 여관, 전통 찻집, 전통 공예집이 들어섰고, 개량 한복을 만들어 파는 집도 많이 생겼습니다. 그러자 사람들이 찾아오면서 조용하던 동네가 갑자기 유명해지고 번성하기 시작했습니다.

도시란 외부로 확장해간다는 것이 일반적인 생각이었습니다. 그 전까지만 해도 조선 시대의 한양이라 하면 사대문 안을 일컬었고, 사대문 밖은 변두리 취급을 받았습니다. 그러다가 일제 강점기에 서울은 사대문 밖까지 확장되었고, 해방 후인 1960~1970년대에는 강북 지역으로까지 확장되었습니다. 1980년대에는 잠실을 비롯하여 강

오랫동안 한옥 보존 마을로 묶여 있다가 규제가 완화되자 한옥을 식당이나 카페로 개조하는 사례가 늘어나고 있다.

남으로까지 확장되었고, 1990년대에는 분당, 일산 등의 신도시가 생겨나면서 수도권이라 불리게 되었습니다. 이렇게 외부로 팽창해나가자 기존의 도심 한복판은 오피스 빌딩만이 가득한 업무 지구가 되어갔습니다. 종로, 여의도와 같은 업무 지구는 낮에는 사람들로 북적이지만 주택가가 없기 때문에 밤이 되면 텅텅 빈다는 문제점이 있습니다. 이를 '도심 공동화'라고 합니다. 그런데 텅텅 빈 도심 한가운데에서 여전히 살아가는 사람들이 있습니다. 도심에서 장사를 하거나 일 때문에 꼭 도심에서 살아야 하는 사람들로, 생활 형편이 그다지 넉넉지 못한 사람들이었습니다. 예전에는 사대문 안이라 불리는 도심 한가운데 사는 것이 부유한 것이었지만, 요즘은 오히려 외곽에서 사는 것이 부유한 것으로 인식되어 있었습니다. 그런데 갑자기 도심 한복판이나 시내 한가운데로 이사를 들어와 사는 사람이 생긴 것입니다. 그전까지는 볼 수 없었던 이 새로운 현상을 '젠트리피케이션gentrification'이라고 합니다.

젠트리피케이션

젠트리피케이션이란 정확히 무슨 뜻일까요? 우선 앞의 세 글자 '젠트리'의 뜻부터 살펴보겠습니다. 젠트리gentry는 영국에서 17세기 무렵에 등장한 새로운 계층의 사람들을 말합니다. 유럽은 5세기부터 15세기까지 약 1,000년 동안 중세 사회에 속해 있었는데, 아주 엄격한 신분 사회였습니다. 가장 높은 자리에 왕이 있었고, 그 아래로 공작, 후작, 백작, 자작, 남작 등 5등급으로 이루어진 귀족이 있었습니다. 그리고 그 아래 기사와 성직자가 있었습니다. 왕, 귀족, 기사, 성직자는 전체 인구의 10% 정도 되었고 나머지 90%는 농사를 짓는 농민, 장사를 하는 상인, 물품을 제조하는 장인 등으로 이루어져 있었습니다. 중세 유럽은 지금의 독일, 영국, 프랑스처럼 큰 나라로 이루어진 게 아니라 작은 왕국들로 이루어져 있었기 때문에 왕국 사이에 소소한 영토 분쟁이 많았습니다. 그러다 보니 전쟁이 났을 때 나라를 지키는 기사들이 큰 존경을 받았습니다. 중세 시대의 동화 속에 멋진 기사들이 자주 등장하는 것은 그 때문입니다.

15세기가 되면서 중세 시대가 끝나고 유럽 사회는 안정기에 접어들게 됩니다. 잦은 영토 분쟁이 사라지고 평화가 찾아오면서 농촌 경제도 발전하게 됩니다. 새로운 농사법이 개발되어 농촌도 예전보다 잘살게 되자 16~17세기부터 서서히 부유한 농민인 부농이 등장하게 됩니다. 우리나라도 조선 후기가 되면 만석꾼, 천석꾼 같은 부유한 농민이 많이 생겨나는데 이와 비슷한 현상이 17세기 영국에서도 나타난 것입니다. 조선 시대의 만석꾼, 천석꾼과 비슷하게 영국에 등장한 것이 젠트리gentry, 요맨리yeomanry입니다. 젠트리는 상당히 부유한 농민으로서 평균 3,000에이커, 요맨리는 그보다 작은 1,000에이커 정도의 토지를 소유했습니다. 귀족 중에서 가장 지위가 낮은 남작의 평균 재산 규모가 1만 에이커였던 것을 생각해볼 때 농민이라 해도 상당히 부유한 편이었습니다.

그런데 우리나라에서 만석꾼 정도가 되면 그 자녀들은 시골에서 농사를 짓기보다는 서울로 유학을 와 대학을 다니고 졸업 후에도 서울에서 살아갑니다. 영국의 젠트리도 마찬가지여서 시골에 머물러 살기보다는 런던으로 올라와 살게 되는데, 이들이 살았던 집이 '도시의 집'이라는 뜻의 타운하우스town house입니다. 런던에 타운하우스가 많이 지어진 것은 19세기 빅토리아 여왕 시대로 이때 영국은 '해가 지지 않는 나라'라 불릴 만큼 많은 식민지를 거느리고 있었습니다. 호주나 인도 등 식민지에 가서 사업을 하거나 장사를 해서 금세 많은 돈을 번 부자들도 점차 젠트리라고 불리는데, 이들이 살 타운하우스도 런던 시내에 많이 지어졌습니다. 19세기의 타운하우스는 빅토리아 여왕 시대에 지어진 주택이라 하여 '빅토리안 하우스'라고 부르기도 합니다. 젠트리보다 재산 규모가 작았던 요맨리들은 런던에 진출하지는 못하고 큰 농장을 경영하거나 장사를 하면서 시골 부자로 남았습니다.

그런데 19세기 영국 사회에 등장했던 젠트리 계층의 남성은 이후 무엇이라고 불리게 되었을까요? 바로 젠틀맨Gentleman입니다. 요맨리 계층의 남성은 굿맨Goodman이 됩니다. 그래서 젠틀맨은 신사紳士라 번역하고, 굿맨은 시골 향鄕 자를 써서 향사鄕士라고 번역합니다. 그리고 젠트리 계층과 요맨리 계층의 여성들은 숙녀Lady라 불리게 됩니다. 이렇게 해서 오늘날 영국과 미국에서 흔히 말하는 '신사 숙녀 여러분Lady and Gentleman'이라는 말이 나오게 된 것입니다. 이후 3,000에이커의 농지가 없어도 도시에서 직장을 다니며 사는 중산층을 모두 젠틀맨이라 부르게 되면서 19세기 영국은 명실상부 신사의 나라가 되었습니다.

젠틀맨이 많아지자 런던 근교에 타운하우스 단지가 들어서기도 했습니다. 서울이 팽창하면서 수도권에 아파트 단지가 많이 들어서는 현상과 같습니다. 런던 외곽에 타운하우스 단지가 들어서자 도심에 있던 빅토리아 시대의 타운하우스들은 점차 쇠락하기 시작합니다. 1850년대부터 지어졌으니 집들이 낡기도 했고 사는 사람들도 대개 노인들이라서 점차 낡은 동네가 되었습니다. 그런데 1960~1970년대가 되자 뜻밖의 현상이 일어났습니다.

오래된 집에 노인들이 살고 있어 우중충한 느낌마저 주는 동네에 젊은 사람들이 들어오기 시작한 것입니다. 이들은 가난해서 그 동네로 이사 온 것이 아니었습니다. 번듯한 직장을 다니거나 전문직에 종사하는 30~40대의 중산층 젊은 부부들로, 낡은 빅토리안 하우스를 사다가 깨끗이 수리를 해서 살기 시작했습니다. 집값이 너무 비싸 런던 시내에서는 도저히 새 집을 살 수 없었고, 새 집을 사려면 런던 변두리를 벗어나 아주 외곽으로 가야만 했지만, 같은 값으로 시내의 낡은 집을 수리해서 사용하면 거리도 가깝고 편리했기 때문입니다. 일종의 역발상이었던 셈입니다. 이렇게 젊은 사람들이 들어오자 노인들만 살던 우중충한 동네에 갑자기 생기가 돌면서 좋아지기 시작했습니다. 낡은 집을 식당이나 카페, 공방 등으로 개조하여 장사를 하는 사람들도 생겨났습니다. 그러자 소문이 나고 찾아오는 사람들이 많아지면서 동네가 번성해졌습니다. 이는 지금까지는 단 한 번도 없던 일이었습니다.

도시를 연구하는 학자들은 이 현상을 매우 신기해하고 놀라워했습니다. 지금까지 도시란 외곽으로 확장해나간다는 이론이 우세했습니다. 그런데 반대로 외곽에 살던 사람이 시내 한복판으로 돌아오리라고는 미처 생각지 못했던 것입니다. 학자들은 이 현상을 '젠트리피케이션'이라 이름 붙였습니다. 도심에 살던 중산층이 19세기의 젠트리들이 살던 동네로 되돌아오는 현상이라는 것에 착안한 것입니다.

센트리의 뜻은 16~17세기에는 '3,000에이커 정도의 농지를 소유한 시골 부자'였다가 18~19세기에는 '런던 도심에 사는 중산층'으로 변했습니다. 이것을 동사화한 젠트리파이gentrify는 '중산층이 되다'라는 뜻이 되고, 명사형 젠트리피케이션은 '중산층이 되는 것', 혹은 '중산계층화되는 현상'이라는 뜻이 됩니다. 조금 복잡해졌지만 젠트피케이션의 정확한 뜻은 '본래 가난하던 동네가 갑자기 부유한 중산층의 동네가 되는 현상'이라고 봅니다. 이것이 1960~1970년대 런던에서 일어난 일입니다. 그리고 30~40년이 지나 이와 비슷한 현상이 서울의 북촌에서도 일어난 것입니다.

젠트리피케이션의 장단점

젠트리피케이션의 뜻을 좀 더 쉽게 풀어보면, 낡고 오래된 주택이 밀집해 있던 동네에 새로운 사람들이 이사를 들어와 수리를 하기 시작하면서 조용하던 동네가 번성하고 유명해지는 현상입니다. 이런 일은 점점 더 많이 일어나고 있습니다. 그 나라 사람들뿐만 아니라 외국인 관광객까지 찾아옵니다. 요즘 북촌에 가보면 관광 안내소가 있고 외국인 관광객을 위한 안내 도우미까지 있습니다. 관광객이 많

젠트리피케이션이 일어나 동네가 유명해지면서 갑자기 많은 사람들이 몰려오자 주민들은 오히려 불편을 겪기도 한다.

아지면서 북촌은 관광지처럼 변해가고 있습니다. 한복을 빌려주는 상점도 많이 생겨서 관광객들이 한복을 빌려 입고 거리를 걷는 모습을 보면 조선 시대 한양으로 되돌아간 느낌마저 줍니다. 그런데 조용하던 동네가 시끌벅적해지자 예전부터 그 동네에 살던 사람들은 불편해지기 시작했습니다.

한옥이 예쁘다 보니 가정집인데도 함부로 들어가서 사진을 찍기도 합니다. 무슨 구경거리가 된 느낌입니다. 때로는 20~30명이나 되는 단체 관광객이 우르르 몰려다니면서 아무 집이고 기웃거립니다. 도무지 혼잡하고 시끄러워서 살 수가 없습니다. 예전의 조용하던 동네가 그리울 정도입니다. 그뿐만 아니라 다른 문제도 생겼습니다.

　우리 동네 골목 어귀에는 분식점과 문방구가 있었습니다. 이곳에서 태어나 초등학교를 마치고 중학교를 다니고 있는 철수는 그곳을 자주 이용했습니다. 그런데 젠트리피케이션 바람이 불자 분식점과 문방구가 문을 닫고 말았습니다. 한동안 수리를 하는 모양이더니 분식점은 고급 이탈리안 레스토랑이 되었고, 문방구는 전통 공예점으로 바뀌었습니다. 떡볶이가 2,000원, 라면이 3,000원 하던 분식점이 피자 한 판에 18,000원, 파스타 한 접시에 12,000원 하는 이탈리안 레스토랑이 되고 나니 너무 비싸 갈 수가 없었습니다. 문방구 역시 마찬가지입니다. 철수에겐 노트와 볼펜이 필요하지, 값비싼 도자기 같은 것이 필요한 것이 아닙니다. 불편하기는 어른들도 마찬가지였습니다. 세탁소는 '○○부티크'라 불리는 옷가게로 변했는데, 한눈에 보기에도 비싸 보여서 어머니는 그곳에서 옷을 사지 않습니다. 가게 앞에 파라솔을 펼쳐놓고 아저씨들이 맥주 한 잔을 마시던 슈퍼는 유럽에서나 보던 멋진 카페로 변했지만, 아저씨들은 이제 그곳에서 맥주를 마시지 않습니다. 그리고 이제는 문방구 할아버지, 분식점 아주머니, 슈퍼 아저씨의 모습을 볼 수 없었습니다. 분식점을 하던 아주머니가 레스토랑을 한다거나 슈퍼를 운영하던 아저씨가 카페를 운영할 수도 없는 노릇인 데다가 젠트리피케이션이 진행되면서 갑자기 임대료가 높이 뛰었고, 이를 감당하지 못한 세입자들이 쫓겨나는 일이 벌어진 것입니다.

건물이 높을수록 그림자도 길어지는 법입니다. 낡고 쇠락한 동네에 젠트리피케이션이 진행되는 것은 분명 반가운 일입니다. 하지만 그 이면에는 정든 동네를 떠나야 하는 사람도 생깁니다. 동네가 갑자기 유명해지면서 집값이 오르거나 임대료가 올라가면서 더는 그곳에서 살아가기가 어려워지기 때문입니다. 젠트리피케이션의 본래 뜻은 오래된 동네에 젊은 중산층이 이사를 오면서 동네가 활력을 띠게 되는 현상입니다. 그런데 요즘에는 임대료가 갑자기 올라서 기존 상인들이 쫓겨나는 현상으로 이해하고 있습니다. 임대료 상승은 젠트리피케이션의 부작용 중 하나일 뿐, 젠트리피케이션이 곧 임대료 상승을 의미하는 것은 아닙니다. 오히려 침체되어가던 동네가 활성화되는 것은 좋은 일이어서 젠트리피케이션은 장려되어야 할 현상입니다. 그렇다면 젠트리피케이션이 일어나되 임대료가 갑자기 오르는 일이 일어나지 않게 하는 방법은 없을까요?

진정한 젠트리피케이션

서울 ○○○의 △△단길은 강북의 오래된 동네입니다. 1960~1970년대의 모습을 고스란히 간직한 주택가만 있을 뿐 특별한 상권은 형성되지 않았던 조용한 동네입니다. 그러다 보니 임대료가 싸서 어느 때부터인가 특색 있는 가게들이 들어섰습니다. 주인이 손수 커피를

볶아 커피를 만드는 수제 커피숍, 반죽을 오랜 시간 숙성시켜 정성 들여 빵을 만드는 빵집 등 가게는 크지 않았지만 그 나름대로의 특색이 있었습니다. 이에 입소문이 나고 사람들이 점점 몰리면서 동네가 유명해지자 외부인들이 이 동네에 들어오기 시작했습니다. 이들은 낡은 집을 사서는 그 집을 허물고 새 건물을 지었습니다. 그리고 1층에는 프랜차이즈 커피숍, 패스트푸드점, 편의점 등에 세를 주었습니다. 그런 집이 하나둘이 아니었습니다. 여기저기 낡은 집이 허물어지고 새 건물이 지어지고 나면 제과점, 치킨집, 피자집, 화장품 가게 등 온갖 프랜차이즈 상점들이 들어섰습니다. 그러는 동안 수제 커피숍과 작은 빵집은 임대료를 감당할 수 없어서 떠났고, 이제 그곳은 서울의 여느 번화가와 다를 바 없게 되었습니다. 그 동네만의 특색이 사라지고 찾아오는 사람들의 발길도 뜸해지자 대형 프랜차이즈 상점들도 하나둘 떠나기 시작했습니다. 거리는 텅텅 비기 시작했고, 새 건물을 지었던 집주인들은 울상이 되었습니다. 빈 가게마다 '임대 문의'라고 써 붙였지만 장사를 하겠다고 들어오는 사람이 없었기 때문입니다.

이처럼 임대료 상승은 세입자는 물론 집주인에게도 피해를 줍니다. 이런 일을 방지하기 위해 '상가 건물 임대차 보호법'이 개정되었습니다. 이전에는 상가 임대 계약이 5년이었지만 10년으로 연장되었습니다. 한번 장사를 시작하면 10년간은 그 가게에서 마음 놓고 장사를 할 수 있게 된 것입니다. 또한 임대료도 5% 범위 내에서만 올릴 수 있도록 했습니다. 한번에 임대료를 많이 올릴 수 없게 된 것입니다. 이렇게 되면 동네가 갑자기 번화해졌다고 분식점을 쫓아내고 이탈리안 레스토랑을 들이는 일도 없을뿐더러, 임대료를 한번에 몇 배로 올리는 일도 불가능해집니다. 이처럼 터무니없이 임대료를 올리는 것을 방지하는 법안도 있지만, 한편으로는 지자체의 힘으로 젠트리피케이션을 이겨낸 사례도 있습니다.

서울시 성동구 성수동은 1960~1970년대만 해도 인쇄소, 구두 공장 등 소규모 공장이 몰려 있던 곳입니다. 1980년대에 공장들이 외곽으로 이전하면서 한동안 큰 발전 없이 침체되어 있었습니다. 그런데 인근의 뚝섬 경마장이 과천으로 옮겨간 뒤 그 자리에 시민 공원이 들어서고 조망이 좋은 초고층 아파트가 들어서자 동네가 좋아졌습니다. 낡은 공장은 특색 있는 공방이 되고, 낡은 주택은 카페와 레스토랑으로 변신했습니다. 젠트리피케이션이 일어난 것입니다. 그렇다면 이 동네도 임대료가 올라 기존의 공방과 카페가 문을 닫고 대형 프랜차이즈 상점들로 뒤덮일 것이 뻔한 상황이었습니다. 이에 성동구청에서는 '젠트리피케이션 방지 조례'를 발령했습니다. 우선 외부인이 들어와서 낡은 집을 사들여 무분별하게 새 건물로 짓는 일이 없도록 했습니다. 원래 살고 있는 주민들에게 더 많은 혜택이 돌아가도록 낡은 집의 수리 비용과 리모델링 비용을 지원했습니다. 그리고 기존의 구두 공장이 늘어서 있던 곳은 수제화 거리로 특화했습니다.

지금의 성수동은 예전의 낡은 이미지를 벗고 특색 있는 동네로 거듭났습니다. 공장이던 곳은 카페와 전시장으로 변했고, 구두를 만들던 공장은 고급 수제화 공방이 되었습니다. 오래된 동네에 중산층이 들어와 활기를 띠면서 살기 좋아지는 것이 젠트리피케이션의 본래 의미입니다. 성수동은 진정한 의미의 젠트피케이션이 진행된 좋은 예라고 할 수 있습니다. 임대료가 올라 기존 상인이 쫓겨나는 부작용이 아니라, 낡은 동네가 활성화되는 진정한 의미의 젠트리피케이션이 강북의 오래된 동네와 지방 도시에도 일어나기를 바랍니다.

●■▲ 타운하우스는 어떤 집이었을까?

영국의 부유한 농민인 젠트리들이 런던에 올라와 살았던 타운하우스는 어떻게 생겼을까요? 영국 귀족은 전원 귀족이라는 말도 있듯 영국인들은 전원에 널찍한 단독주택을 짓고 사는 것이 꿈입니다. 그런데 땅값이 비싼 런던에서는 마당 딸린 단독주택을 짓고 살기가 어렵기 때문에 새롭게 등장한 것이 타운하우스입니다. 이것은 집들이 서로 벽과 벽을 공유한 채 주르르 늘어서 있는 모양으로 지어진 주택입니다. 형태는 요즘의 빌라와 비슷하지만 한 가족이 지하 1층부터 4층까지 모든 층을 다 사용합니다. 우리나라의 빌라는 층마다 사는 사람이 다르지만 타운하우스는 건물의 모든 층을 다 사용하는 방식입니다. 그렇다면 내부는 어떻게 생겼을까요?

지하실에는 부엌, 석탄 창고, 남자 하인의 방 등이 있었고, 1층에는 손님 접대에 쓰이는 응접실과 식당, 서재 등이 있었습니다. 2층에는 여성 전용 거실인 드로잉룸drawing room이 있었는데, 부유한 집은 드로잉 룸이 2~3개 되었습니다. 18~19세기 영국의 여성은 학교에 다니거나 직장에 나가는 등 사회적 활동이 거의 없이 주로 집 안에서 머무는 시간이 많았기 때문에 여성 전용 거실이 특히 발달해 있습니다. 그리고 3층에는 가족들의 침실이 있었고, 다락방인 4층은 주로 하녀의 침실로 사용되었습니다. 이렇듯 지하 1층부터 4층의 다락방까지 모두 한 가족이 사용하는 형태의 집이 타운하우스입니다.

5

세그리게이션
: 강남 개발

늦가을에서 초겨울로 접어드는 11월의 어느 날이었습니다. 조회 시간에 선생님은 그동안 함께 공부했던 정현이가 전학을 가게 되었다고 말씀하셨습니다. 정현이가 전학 가는 학교는 압구정초등학교라고 했는데 처음 들어보는 이름이었습니다. 돌이켜보니 5학년에서 6학년 즈음에 유난히 많은 친구들이 전학을 갔습니다. 그 아이들이 가는 곳은 논현동, 삼성동, 잠실이라는 낯선 동네였습니다. 서울의 강북에서 태어나 같은 동네에 계속 살았던 내게는 몹시 생소한 이름이었습니다. 그러고 보니 잠실은 얼마 전 엄마를 따라 동생과 함께 가본 적이 있었습니다.

한강을 건너 도착한 잠실에는 새하얀 아파트 건물들이 끝이 보이지 않게 늘어서 있었습니다. 똑같은 모양의 아파트들이 늘어서 있는 것이 어쩐지 공장 같다는 느낌도 주었지만, 거기 있던 놀이터와 테니스장이 신기해서 동생과 나는 이리저리 뛰어다녔습니다. 엄마가 놀이터를 벗어나지 말라고 말했지만, 어느새 놀이터를 벗어나 아파트 단지 안을 이리저리 쏘다녔습니다. 그렇게 돌아다니다 보니 문득 너무 멀리 왔다는 느낌이 들었습니다. 엄마가 보이지 않았기 때문입니다. 퍼뜩 두려움이 밀려온 나는 동생의 손을 잡고 엄마를 찾기 시작했습니다. 그러나 어디가 어디인지 도무지 알 수가 없었습니다. 끝도 없이 어어지는 아파트 단지는 어딜 가나 똑같은 모습이었습니다. 아무리 돌아다녀도 결국 같은 자리를 맴돈다는 것을 알게 되었을 때 그만 다리에 힘이 빠져 주저앉고 말았습니다. 늦가을의 짧은 해가 지기 시작할 무렵, 저 멀리서 엄마의 모습이 보이자 왈칵 눈물이 쏟아졌습니다. 내가 기억하는 잠실은 그런 곳이었는데, 왜 그곳으로 친구들이 이사를 가는지 알 수가 없었습니다. 초등학교 4학년이던 1978년의 일이었습니다.

그리고 10년이 지난 1988년, 서울 올림픽을 개최할 무렵 대학생이 된 나는 비로소 알게 되었습니다. 내가 길을 잃고 헤맨 곳은 잠실 5단지 아파트였으며, 친구들이 하나둘 낯선 동네로 이사를 간 것은 1970년대 말부터 일어난 '강남 러시'의 시작이었음을. 우리 가족 역시 강남으로 이사를 가려고 했다가 그날 동생과 내가 아파트 단지에서 길을 잃고 헤매는 것을 본 엄마가 결국 이사를 포기했음을.

한양의 확장

지금 서울은 한강을 기준으로 강남과 강북으로 나누어져 있지만 조선 시대의 한양은 그렇지 않았습니다. 수도의 범위는 지금보다 훨씬 좁아서 사대문 안을 지칭했고, 그 외곽을 성저십리 城底十里라는 구역이 둘러싸고 있었습니다. 그러다가 일제 강점기가 되면서 한양은 한번 큰 확장을 하게 됩니다. 이전까지 조선은 전통적인 농업 국가였지만 일제 강점기에 공업과 서비스업이 발전하면서 도시화가 진행되었기 때문입니다. 한양은 경성으로 이름이 바뀌었고, 사대문 안과

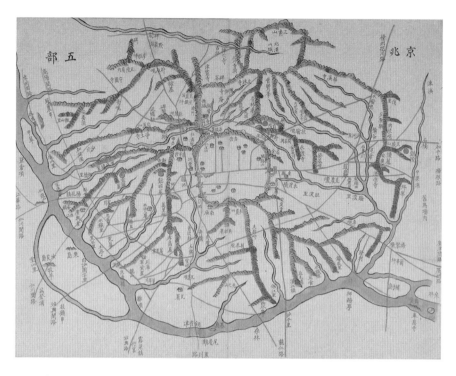

한양은 사대문과 성곽으로 둘러싸인 사대문 안 지역과 그 주변의 성저십리로 이루어져 있었다.

외곽을 잇는 전차가 놓이게 됩니다.

전차란 지상을 달리는 전기 차량을 말하는데, 지금의 지하철보다 훨씬 작은 규모여서 차량이 한 개나 두 개인 1량 혹은 2량 전차가 일반적이었습니다. 지금 서울에는 전차가 없지만 홍콩에는 아직도 '트램tram'이라는 전차가 시내를 달리고 있습니다. 도시가 갑자기 발달하면 시내에 통행량이 많아지면서 교통이 복잡하게 되는데, 그때 대중교통에 해당하는 전차를 부설하는 것은 19세기 유럽 도시에서 흔히 있는 일이었습니다. 우리나라도 예외는 아니어서 1899년 경성에 최초의 전차가 개통되었습니다. 서대문에서 종로를 지나 동대문을 거쳐 청량리로 이어지는 노선이었습니다. 1900년에는 종로에서 남대문을 지나 용산까지 이어집니다. 1930~1940년대가 되면 서쪽으로는 노량진, 마포, 영등포까지, 동쪽으로는 청량리, 왕십리, 돈암동까지, 남쪽으로는 용산과 이태원까지 전차로 연결됩니다. 이런 지역들은 본래 성저십리라 불리던 한양의 외곽 지역이었는데 전차가 생기면서 새로운 주거지가 되었습니다. 청량리, 왕십리, 노량진, 마포, 영등포, 이태원, 돈암동 등은 전차 옆에 신설된 교외 지역이라는 뜻으로 '전차 교외 지역'이라 불렀습니다. 요즘 서울 근교의 신도시와 약간 비슷합니다. 1940년대 서울은 전통적인 사대문 안을 벗어나 이렇게 한번 크게 확장했고, 한국 전쟁이 끝난 후에 또 한 차례 확장하게 됩니다. 바로 강남 개발이었습니다.

강남 개발

　1960~1970년대에 한국은 급격한 공업화와 근대화의 길을 걷습니다. 서울 역시 새로운 모습으로 거듭나야 했는데, 강북에는 이미 많은 집과 건물들이 있어 한강 이남 곧 강남으로 눈을 돌렸습니다. 새 건물을 짓기 위해서는 새로운 땅이 필요했기 때문입니다. 국기원,

법원 등 주요 시설과 명문 고등학교들이 강남으로 이전하면서 강남에 많은 아파트가 지어졌습니다. 잠실에 대단지 아파트가 들어선 것도 이때입니다. 대규모로 지어진 아파트 단지 내에는 어린이 놀이터, 테니스장, 근린 상가, 경로당은 물론 초등학교까지 있었습니다. 우리나라에서 최초로 근린주구近隣住區 이론이 적용된 아파트 단지였습니다.

1970~1980년대 강남에 들어선 대규모 아파트 단지는 근린주구 이론이 적용되면서 점점 살기 좋은 곳이 되어갔습니다. 당시 강북에도 아파트는 있었지만 단지 개념이 적용되지 않은 소규모 아파트여서 부대시설이 없었습니다. 그런데 강남의 아파트 단지에는 부대시설이 잘 갖추어져 있어 너도나도 강남으로 이사하기 시작했습니다. 그것이 1970년대 말에 일어났던 '강남 러시'입니다.

서울이 이렇게 확장되자 강북과 강남의 구분이 시작되었습니다. 강남으로 이사 간 친구들을 만나면 아직도 강북에 사느냐고 묻습니다. 안부 인사보다도 "아직 그 동네에 사니? 이사 가지 않았어?" 등의 이야기가 오갔습니다. 분명 초등학교를 함께 다닌 친구였는데 어쩐지 서먹서먹했습니다. 그때쯤 서서히 깨달았습니다. 강남과 강북은 다르다는 것을. 강남과 강북의 차이는 단순히 위치의 문제가 아니라 부자 동네와 가난한 동네의 차이라는 것을. 같은 서울이라도 잘사느냐 못사느냐에 따라 사는 곳이 달라진다는 것을. 그것이 '세그리게이션 segregation'의 시작이었습니다.

나날이 증가하는 서울 인구를 수용하기 위해 1970년대부터 강남 개발이 시작되었다. 잠실 등지에 대규모 아파트 단지가 들어선 것도 이즈음이다.

세그리게이션: 계층별 주거 분리

세그리게이션이란 잘사는 사람은 잘사는 사람끼리, 가난한 사람은 가난한 사람끼리 한동네에 모여 사는 것을 말합니다. 한눈에 봐도 여기는 부자 동네, 저기는 가난한 동네다라는 것을 쉽게 알 수 있습니다. 그래서 어느 동네에 사는지 보면 가난한지 부자인지 금세 알 수 있는 현상입니다. 가난한 사람과 부자가 각각 동네별로 나누어져 산다고 해서 '계층별 주거 분리'라고도 말합니다. 그렇다면 왜 이런 현상이 생기게 되었을까요?

계층별 주거 분리의 기원은 18~19세기 유럽이 식민지를 개척하던 시절로 거슬러 올라갑니다. 유럽은 항해술의 발달과 무기의 개발에 힘입어 아프리카, 남아시아 등지에 식민지를 개척했습니다. 영국은 인도와 아프리카 일부, 프랑스는 베트남과 아프리카 일부를 식민 지배했습니다. 그러다 보니 영국인이 인도나 아프리카, 프랑스인이 베트남에 와서 살게 되는 일이 생깁니다. 그런데 유럽의 백인들은 남아시아나 아프리카의 선주민과 한데 어울려 살지 않았습니다.

당시 유럽인들이 무서워했던 것은 말라리아를 비롯한 풍토병이었는데, 이는 전염으로 감염된다는 사실을 알게 되었습니다. 유럽인들은 아프리카나 남아시아 선주민들의 비위생적이고 불결한 생활 풍습이 전염병을 일으킨다고 생각했기 때문에 선주민 마을과 되도록 떨어진 곳에 백인 마을을 따로 만들어 살았습니다. 남아시아와 아프리카는 열대 지역이기 때문에 숨이 턱턱 막힐 정도로 공기가 무덥고 습합니다. 습하고 무더운 공기를 피해 언덕 위의 고지대를 선호한 것입니다. 또한 선주민들이 폭동을 일으키거나 백인에게 폭행을 가할 수도 있기 때문에 같은 마을에 사는 것이 위험하기도 했습니다. 그래서 백인들의 마을은 언덕 위에 자리잡는 것이 안전했습니다. 언덕 위에서 선주민들이 사는 아랫마을을 내려다보고 있으면 그들이 폭동을 일으켰을 때 얼른 달려가 제압할 수 있었으니까요. 그리고 백인들의 집은 뜨거운 햇빛을 피하기 위해 햇빛을 반사하는 흰색 페인트로 칠했습니다. '언덕 위의 하얀 집'이라는 이미지는 사실 이렇게 만들어진 것입니다.

언덕 아래는 선주민들이 사는 동네이고, 언덕 위는 백인들이 모여 사는 동네입니다. 언덕 위냐 아래냐로 백인 마을인지 선주민 마을인지 구분이 됩니다. 그리고 백인들의 집은 모두 흰색으로 칠해져 있어 깨끗하고 세련되어 보이는 것이 한눈에도 문화적 차이가 있어 보입니다. 계층별 주거 분리, 즉 세그리게이션은 이렇게 시작된 것입니다. 18~19세기 영국과 프랑스의 식민지였던 곳에 가보면 이런 흔적이 조금 남아 있습니다. 지난 100년간 영국의 조차지였던 홍콩의 경우, 홍콩 사람들의 본래 주거지는 언덕 아래에 있었고 백인들의 주거지는 언덕 위에 있었습니다. 그런데 언덕 위까지 걸어 올라가자면 힘이 들었기 때문에 예전에는 가마를 타고 다니다가 트램이라 불리는 전차를 깔았습니다. 베트남의 하노이도 마찬가지여서 선주민들의 주거지는 저지대에 있지만 백인들의 주거지는 언덕 위에 있습니다. 이러한 주거 분리가 더욱 명확하게 드러나는 곳이 남아프리카공화국의 요하네스버그입니다. 지금은 많이 사라졌지만 20세기까지만해도 요하네스버스는 흑인과 백인 간의 공간 분리가 가장 엄격했던 도시입니다. 거주 지역이 명확히 구분되었을 뿐만 아니라 공공장소에서는 흑인과 백인이 사용하는 출입문, 화장실, 심지어 수도꼭지까지도 구분되어 있었습니다. 백인의 시각으로 보았을 때 흑인은 미개하고 불결하다는 잘못된 편견이 깔려 있었기 때문입니다.

이러한 일은 남아시아와 아프리카 지역뿐 아니라 20세기 미국에서도 일어났습니다. 생각해보면 몹시 아이러니합니다. 미국은 본디 영국의 식민지였다가 독립한 나라이고, 흑인 노예를 해방했을 뿐만 아니라 이민자를 받아들였던 나라입니다. 지구상 어느 나라보다도 가장 평등한 나라일 것 같은데 누가 누구를 차별했다는 것일까요? 미국의 본래 뿌리는 영국의 백인들입니다. 영국으로부터 독립한 미국은 점차 부유해지면서 가난한 나라에서 이민자들이 많이 들어옵니다. 이들은 주로 아시아인과 남아메리카인들로서 장사나 허드렛일을 하며 살았습니다. 또한 흑인 노예들은 해방이 되기는 했지만 여전히 가난하게 살았습니다. 교육을 제대로 받지 못해 좋은 직장에 다닐 수 없었기 때문입니다. 즉, 백인은 부유했고 흑인, 아시아인, 남아메리카인 등은 가난했는데, 피부색의 차이는 한눈에 보기에도 금세 드러납니다. 그래서 백인이 사는 동네는 부유한 동네, 흑인이나 아시아인, 남아메리카인이 사는 동네는 가난한 동네라는 인식을 심어주게 됩니다.

부자들은 부유한 동네에 모여 살고 가난한 사람들은 가난한 동네에 모여 사는 것, 그래서 어느 동네에 사는지를 알면 부자인지 가난한지 금세 알아차릴 수 있는 현상, 이것이 바로 세그리게이션입니다. 이러한 현상은 본래 18~19세기 아시아, 아프리카의 식민 도시에서 위생과 격리의 목적으로 실시되었다가 20세기 미국에서 부유한 백인과 가난한 흑인이나 남아메리카인의 주거지를 구분하는 수단이 되었습니다. 그런데 한국의 대도시에서도 이러한 현상이 나타나기 시작했습니다. 서울에서 강남에 사느냐 강북에 사느냐는 단순히 한강 남쪽에 사느냐 북쪽에 사느냐를 말하는 것이 아닙니다. 부자 동네에 사느냐 가난한 동네에 사느냐의 문제입니다. 그리고 강남이라고 해서 다 같은 강남이 아니며, 같은 동네라 하더라도 어느 아파트에 사는지가 더욱 중요해지고 있습니다.

임대 아파트: 낙인 효과

학교에서 조별 과제를 할 일이 생겼습니다. 5명씩 조를 짜서 과제를 해야 하는데 어떻게 조를 짤까 궁리하다가 같은 아파트에 사는 친구들끼리 조를 짜기로 했습니다. 방과 후에 모여서 함께 공부하려면 같은 아파트에 사는 친구들끼리 모이는 것이 편했기 때문입니다. 그런데 이 학교가 있는 동네는 단독주택이나 빌라는 없고 아파트만 있습니다. 우선 라일락아파트에 사는 아이들이 한 조가 되었습니다. 대기업에서 지은 아파트여서 광고에도 자주 나오는 고급 아파트입니다. 로즈캐슬에 사는 아이들도 한 조가 되었습니다. 캐슬이라는 이름에 걸맞게 고급 아파트입니다. 초고층 주상복합 아파트인 스카이팰리스에 사는 아이들도 한 조가 되었습니다. 이렇게 대충 조가 짜였다고 생각했는데 아직 아무 데도 끼지 못한 아이들이 있었습니다. 희망주택이라는 아파트에 사는 아이들이었습니다. 라일락아파트, 로즈캐슬, 스카이팰리스 등은 모두 대기업에서 지은 고급 아파트이지만 희망주택은 토지주택공사에서 지은 임대 아파트입니다. 그곳에 사는 철수와 영희는 저희끼리 한 조가 되었습니다. 아이들은 어느 누구를 차별하거나 고급 아파트에 사는 것을 뽐내기 위해 조를 짠 것이 아니었습니다. 조별 과제의 특성상 같은 아파트에 사는 친구들끼리 조를 짜는 것이 편했기 때문입니다. 그렇다면 이것은 세그리게이션일까요, 아닐까요? 정확히 대답하기 어려운 문제입니다.

한 달 후 조별 과제를 발표하는 날이 되었습니다. 라일락아파트, 로즈캐슬, 스카이팰리스에 사는 아이들이 차례로 과제물을 발표한 뒤 희망주택에 사는 철수와 영희가 과제물을 발표하게 되었습니다. 그런데 관심을 갖는 아이들이 없었습니다. "보나 마나지 뭐. 희망주택에 사는 아이들이 뭘 잘할 수 있겠어?" 하는 눈치가 역력합니다. 철수와 영희는 과제 발표도 하기 전에 시무룩해지고 말았습니다.

세그리게이션의 문제점은 바로 이런 것입니다. 어디에 사느냐가 그 사람의 가치를 결정짓고, 가난한 동네에 산다고 하면 그의 가능성까지도 무시해버리는 것입니다. 예전에는 강남과 강북의 차이가 있었다면, 이제는 같은 강남이라 하더라도 차이가 있습니다. 특히 잘사는 동네가 있고, 같은 동네라 하더라도 아파트 브랜드별로 빈부의 차이를 결정합니다. 더구나 대기업에서 지어 분양한 아파트가 아니라 정부나 지자체에서 지어 제공하는 임대 아파트에 사는 것은 금세 표가 납니다. 이것은 일종의 낙인 효과를 낳습니다. 낙인 효과란 어떤 사람이 나쁜 사람으로 낙인 찍히면 그 사람에 대한 나쁜 기억이 사라지지 않고 점점 더 강해진다는 이론입니다. 예를 들어 어떤 아이가 호기심에 친구의 샤프를 훔쳤다고 합시다. 그런데 실은 너무 예뻐서 잠시 보고만 있다가 돌려주려고 했는데 그만 시기를 놓쳐 도둑으로 몰린 것이었습니다. 샤프는 곧 돌려주었지만 한번 도둑으로 몰린 아이는 그 후에도 반에서 운동화나 지삽이 없어지는 일이 생기면 제일 먼저 의심받았습니다. 심지어 공부를 잘해 성적이 우수해도 부정행위를 했을 것이라고 생각하게 되었습니다. 이것이 바로 낙인 효과로, 무엇이든 한번 낙인이 찍히면 계속 나쁜 쪽으로만 이미지가 굳어지는 현상입니다.

미국 영화나 드라마를 보면, 부자들이 사는 백인 동네에 흑인이 걸어다니면 일단 경찰이 의심부터 하고 보는 장면이 종종 나옵니다. 흑인은 이런 부자 동네에 살 수 없을 테니 저 사람은 분명 다른 목적이 있어서 이곳을 어슬렁거리고 있을 것이다, 혹시 좀도둑이 아닐까 하는 생각에 그를 불러 세웁니다. 만약 흑인이 도망가기라도 하면 경찰은 곧바로 그를 추격합니다. 실제로 이런 일도 있었습니다. 고급 자동차를 운전하고 가던 흑인을 보자 경찰이 그를 불러 신분증을 요구했습니다. 흑인이 비싼 차를 소유할 리가 없으니 분명 훔친 차량일 것이라고 생각했기 때문입니다. 하지만 그 흑인의 직업은 검사였으며, 자동차는 당연히 그의 것이었습니다. 이러한 의심에는 흑인은 전문직을 가질 수 없다거나 가난하기 때문에 도둑질을 할 것이라는 전제가 깔려 있습니다. 이것이 낙인 효과입니다.

이런 일이 우리나라에서도 벌어진다면 어떻게 될까요? 물론 우리나라에서는 흑인과 백인이라는 인종 차별은 없습니다. 대신 어디에 사느냐, 즉 임대 아파트에 사느냐, 고급 아파트에 사느냐로 차별을 한다고 생각해봅시다. 흑인이 부유한 백인 동네를 걸어다닌다고 경찰이 검문을 하듯이, 임대 아파트에 사는 사람이 인근의 고급 아파트 단지 안을 산책한다고 해서 신분증을 검사한다면 어떻게 될까요? 고급 아파트 단지에서 자전거를 잃어버렸는데 범인이 인근의 임대 아파트 주민일 것이라고 의심한다면 어떻게 될까요? 이것이 바로 세그리게이션의 가장 어둡고 큰 그림자입니다. 그렇다면 이를 극복하기 위한 방법은 없을까요?

소셜믹스: 계층별 주거 혼합

세그리게이션을 극복하기 위한 방법으로 '소셜믹스social mix'가 있습니다. 사회적으로 서로 다른 계층을 섞는다는 의미로, 계층별 주거 혼합이라고 합니다. 세그리게이션이 계층별 주거 분리였으니, 소셜 믹스는 그와 정반대되는 개념이라 할 수 있습니다. 한동네에 라일락 아파트, 로즈캐슬 단지가 있고 그 옆에 희망주택이 지어졌다고 하면, 라일락아파트와 로즈캐슬은 고급 분양 아파트이고 희망주택은 임대 아파트라는 것이 금방 티가 납니다. 희망주택에 산다고 하면 임대 아파트에 산다는 것을, 그러니 가난하다는 것을 금세 알 수 있습니다. 그렇다면 아예 라일락아파트와 로즈캐슬 단지 내에 임대 아파트를 섞어서 지으면 어떨까요? 전혀 표시가 나지 않도록 명칭도 똑같이 라일락아파트, 로즈캐슬이라고 하면 어떨까요? 물론 이런 아파트들은 예전에도 지어진 적이 있습니다. 그런데 전혀 문제가 없는 것은 아니있습니다.

어느 동네에 재개발이 실시되어 라일락아파트 단지가 들어섰습니다. 단지 안에는 놀이터와 산책 공원, 유치원과 초등학교 등이 있었습니다. 아파트는 모두 7동이 지어졌는데 101동부터 106동까지는 분양 아파트이고, 107동은 임대 아파트였습니다. 외관과 명칭은 동일했지만 107동은 단지 내에서 조금 외따로 떨어진 곳에 지어졌습니다. 라일락아파트의 101동부터 106동까지는 30~40평의 분양 아파트였고, 107동은 18평의 소형 임대 아파트였습니다. 그런데 얼마 지나지 않아 이상한 일이 일어났습니다. '107동 주민들은 아파트 정문을 사용하지 말고 후문으로 통행하시오', '107동 주민은 산책 공원과 놀이터를 이용하지 마시오'라는 플래카드가 내걸리기 시작한 것입니다. 107동이 조금 멀리 떨어져 있으니 정문보다 후문을 사용하는 것이 편하고, 단지 내에 마련된 산책 공원과 놀이터 대신 후문과 가까운 동네 놀이터를 이용하는 것이 편리할 것이라는 이유를 들었습니다. 이에 107동 주민들도 '임대 아파트를 차별하지 마라', '우리 아이들도 단지 내 유치원과 놀이터를 사용하게 해달라'라는 플래카드를 걸고 시위를 했습니다. 한 아파트 단지에 분양 아파트와 임대 아파트를 혼합하는 소셜믹스를 실행했지만 오히려 그것이 갈등을 불러일으킨 사례입니다.

진정한 소셜믹스를 실천하기 위해서는 단순히 기계적으로 한 단지 안에 지을 것이 아니라 더욱 세심하게 혼합해야 합니다. 어느 집이 분양이고 어느 집이 임대인지 주민들 사이에서도 티가 나지 않도록 하는 것이 중요합니다. 이를테면 동으로 구분하는 것이 아니라 모든 동에 임대 아파트가 서너 집 있어서 정확히 어디가 임대인지 알 수 없도록 하는 것이 중요합니다.

2016년 입주를 시작한 강서구 마곡지구 12단지 아파트의 경우에는 분양 아파트, 장기 전세 아파트, 국민 임대 아파트가 골고루 섞여 있습니다. 별도의 동으로 따로 두는 것이 아니라 한 동에 골고루 섞

같은 단지 내에 마련된 임대 아파트 앞에 철문이 잠겨 있다. 본래는 한 단지로 설계되었지만 이후 철문을 설치하여 임대 아파트 주민은 후문으로만 출입하게 되었다.

어서 외관상 전혀 표시가 나지 않습니다. 그러니 임대 아파트 주민들은 가까운 후문을 이용하라느니, 후문과 가까운 동네 놀이터를 이용하라느니 같은 말이 나올 수 없습니다

최근에는 소셜믹스를 제대로 이행하지 않으면 건축 허가를 내주지 않기도 합니다. 서울시 서초구 잠원동의 반포 재건축 아파트, 여의도 공작아파트 재건축에서는 한 동에 임대 아파트를 함께 짓는 소셜믹스를 이행하라는 지침이 내려졌습니다. 예전처럼 임대 아파트를 별도의 동으로 구분해서는 안 되고 층별로 구분해서도 안 됩니다. 더욱이 임대 아파트의 비율을 높이기도 합니다. 무엇이든 소수로 존재할 때 소외되고 차별을 받기가 쉽습니다. 그러나 그 비율이 대등하다면 누가 누구를 차별하거나 소외하기가 어렵습니다. 서울시 송파구와 하남시, 성남시를 아우르는 위례 신도시의 경우 신혼부부를 위한 신혼 희망 타운을 건설할 때 원래 계획은 10만 호의 분양 아파트를 지을 생각이었습니다. 그러나 여기에 장기 임대주택 5만 호를 더해 15만 호의 주택을 지었습니다.

이러한 소셜믹스 외에 또 하나의 대안으로는 임대주택 외에 사회주택의 개념을 도입하는 것입니다. 아파트를 짓되 일부를 임대가 아닌 사회주택으로 지정하여 국가에서 일정 정도 보조를 해주는 방식입니다. 이를테면 라일락아파트 101동은 똑같은 33평 아파트입니다. 그런데 701호는 지자체 소속의 사회주택이고 702호는 개인 소유의 아파트입니다. 701호에 사는 사람은 경제적으로 어려운 계층이

기 때문에 시세보다 저렴한 가격에 거주할 수 있도록 지자체에서 보조를 해주고 있습니다. 이렇게 되면 내가 굳이 사회주택이라고 말하지 않는 이상 어느 집이 사회주택이고 분양주택인지 알 수 없습니다. 우리나라는 현재 아파트를 대상으로 이런 사업을 실시하고 있지 않지만 단독주택에 대해서는 지자체별로 실시하고 있습니다.

도시에 오래된 집이 한 채 있는데 할머니가 혼자 살고 계셔서 집을 수리하거나 새로 짓기가 어렵습니다. 이때 지자체에서 그 집을 매입하여 깨끗이 수리하거나 증축하여 청년임대주택이나 신혼부부 임대주택으로 전환합니다. 낡은 단층집을 헐어 3층집으로 지은 뒤 할머니는 1층에 살고 2층과 3층은 신혼부부에게 임대하는 방식입니다. 할머니는 낡은 집을 새로 짓게 되어 좋고, 신혼부부는 저렴한 임대주택에 살게 되어 좋고, 마을 전체로 볼 때도 낡은 집이 새 집으로 증축되니 모두에게 이익입니다. 임대주택이지만 옆집과는 아무런 갈등도 없습니다. 이런 식의 사업을 아파트에도 적용해보는 것이 사회주택입니다.

집값이 너무 비싼 상황에서 최소한의 살 집을 마련해주는 것은 국가가 제공해야 할 기본적인 서비스에 속합니다. 그래서 임대 아파트가 있기는 하지만 이 또한 세그리게이션을 유발할 수 있습니다. 이때 소셜믹스나 사회주택은 세그리게이션을 극복하기 위한 하나의 대안이 될 수 있습니다.

●■▲ 사대문 안과 성저십리

조선 시대 한양은 사대문 안에 둘러싸여 있었습니다. 동대문, 남대문, 서대문, 북대문은 대문만 덩그렇게 있는 게 아니고 그 주변을 둘러싸는 성곽이 있었습니다. 이 성곽 주변의 10리 구역을 성저십리라고 불렀습니다. 구체적으로는 동대문 밖 마장동과 중랑천까지, 서대문 밖 마포와 망원동까지, 북대문을 지나 수유리까지, 남대문을 지나 용산과 한남동까지였습니다. 오늘날 서울과 그 주변을 수도권이라 말하듯이 조선 시대에는 한양과 성저십리를 아울러 한성부라 했습니다. 또한 서울 주변에는 그린벨트가 있어서 개발이 제한되어 있는 것처럼 성저십리에도 개발이 제한되어 있었습니다. 사대문 안에는 북촌도 있고 서촌도 있었지만, 사대문 밖의 성저십리에는 특별한 관청이나 시설이 없이 작은 민가들만 있었습니다. 그래서 장사를 하거나 일을 할 때면 사대문 안으로 들어와야 했습니다. 성저십리에는 규제가 너무 심했기 때문입니다.

조선 시대에는 산에 가서 나무를 하거나 돌을 채굴할 수 없었고 산에 묘지를 쓸 수도 없었습니다. 일체의 삼림 훼손 행위는 물론이고 공연히 산에 올라가는 일도 금지되어 있었습니다. 또한 마음대로 집을 짓거나 논밭을 개간할 수도 없었고, 흉년이 들어서 먹을 것이 없을 때 나무뿌리를 캐 먹거나 열매를 따 먹는 일조차 금지되었습니다. 특히 성저십리에는 울창한 소나무숲이 많았는데 이곳의 소나무는 '금지된 소나무'라는 뜻의 '금송 禁松'이라 부르면서 함부로 베는 것을 엄격히 금지했습니다. 성저십리를 둔 까닭은 한양을 울창한 나무숲으로 둘러싸서 사대문 안에 사는 사람들에게 쾌적한 주거 환경을 제공하기 위해서였습니다. 그래서 성저십리에 사는 사람들은 주로 텃밭에서 채소를 키우는 농사를 지어 성안으로 팔러 다니곤 했습니다. 아현동의 미나리, 용산과 이태원의 호박과 수박, 왕십리와 뚝섬의 무와 배추가 유명했는데, 이러한 채소는 벼를 재배하는 농사와 달리 신선도가 중요해서 제때제때 길러 팔아야 합니다. 그러니 성저십리에서 재배하는 것이 제격이었겠지요. 이는 서울의 주변을 그린벨트로 둘러싼 것과 비슷합니다. 그린벨트 지역은 개발이 금지되어 있기 때문에 주로 비닐하우스에서 꽃과 채소를 키우는 근교농업에 종사하는 경우가 많습니다.

●■▲ 근린주구 이론

근린주구 이론은 1924년 미국의 도시계획학자 페리 C. A. Perry가 주창한 것으로, 아파트 단지를 계획할 때 쓰는 수법입니다. 유치원생, 초등학교에 다니는 어린이, 아기를 키우는 어머니, 걸음이 불편한 할아버지 할머니는 버스를 타고 다니는 것이 위험합니다. 버스를 타기 위해서는 찻길로 나가야 하는데, 어린이와 노약자들은 교통사고가 나기 쉽기 때문입니다. 그렇다면 이들이 찻길로 나가지 않게 하기 위해서는 단지 안에 유치원, 초등학교, 놀이터, 경로당 등을 만들어놓아야 합니다. 또한 슈퍼마켓, 식당, 카페 등 사람들이 자주 이용하는 상점들도 아파트 단지 안에 있으면 걸어서 이용할 수 있습니다. 즉, 아파트 단지 안에 여러 부대시설을 갖추어놓고 단지 안을 차 없는 거리로 만들면 단지 안에서는 절대 교통사고가 일어나지 않습니다. 이것이 근린주구 이론의 기본 원리입니다.

단지 안에 초등학교를 두려면 가구수가 약 2,000가구는 되어야 합니다. 100가구가 사는 아파트 단지가 있다고 생각해봅시다. 그중에 초등학생은 10~20명 정도 될 것입니다. 이렇게 적은 학생 수로는 초등학교를 지을 수 없기 때문에 어느 정도 규모가 되어야 하는데, 그 적정 규모를 2,000가구로 본 것입니다. 2,000가구가 살 수 있는 아파트 단지 안에 초등학교뿐만 아니라 유치원, 어린이집, 놀이터, 경로당, 녹지 공원, 상가 등을 함께 두는 것이 근린주구 이론입니다.

요즘 '초품아'라는 말이 유행합니다. 아파트 단지 안에 초등학교가 있는 것, 즉 '초등학교를 품은 아파트'를 말하는데, 어린이들이 안전하게 등하교를 할 수 있어 인기가 높습니다. '초품아'란 바로 근린주구 이론에 근거하여 만들어진 아파트 단지입니다. 모든 차량은 지하주차장을 이용하게 하여 지상에는 차가 다니지 않는 '차 없는 아파트' 역시 근린주구 이론에 따라 만들어진 아파트입니다.

6

모자이크
도시

얼마전 「청년 경찰」이라는 영화가 크게 흥행했습니다. 경찰대학에 다니는 두 학생이 우연히 납치 사건을 목격하고 신고를 하지만 실제 수사가 지지부진하자 직접 범인을 잡기 위해 현장으로 뛰어든다는 이야기입니다. 그런데 영등포구 대림동 주민들이 이 영화에 대해 상영 금지 가처분 신청을 냈습니다. 납치 사건이 벌어지는 배경이 대림동이었기 때문입니다. 영화에서 대림동은 중국 동포들이 많이 살면서 각종 범죄가 일어나는 동네로 그려집니다. 그러니 실제로 대림동에 사는 주민들은 자기네 동네가 그런 식으로 그려지는 게 싫어서 상영 금지 가처분 신청을 냈던 것입니다. 비슷한 시기에 개봉된 영화 「범죄 도시」도 마찬가지입니다. 중국 동포이자 조직폭력배의 두목이 서울에 들어와 범죄를 저지르는데, 직접적으로 동네 이름을 말하지는 않았지만 배경이 대림동이라는 것을 알 수 있습니다.

아닌 게 아니라 대림동에 가면 중국 동포들이 많이 살고 있어서 거리에는 한국어보다 중국어가 더 많이 들립니다. 그래서 요즘 그곳을 '차이나타운'이라고 부르기도 합니다. 비단 대림동뿐만 아니라 수도권의 다른 곳에서도 이런 현상이 눈에 띕니다. 외국인 노동자가 많이 거주하는 공단 지역 주변에는 외국인이 많이 살아서 그런지 간판에도 외국어가 더 많이 보이는데 그곳에 가면 한국인인 내가 어쩐지 이방인이 된 느낌입니다. 요즘 왜 이런 일이 일어나는 것일까요?

중국 동포들이 많이 사는 동네가 늘어나면서 서울 곳곳에 '중국인 거리'가 생겨났다.

동심원 도시 이론

우주에서 보면 구슬처럼 작고 푸르게 빛나는 지구이지만, 모든 것이 얼어붙는 북극과 남극이 있는가 하면 열대우림의 아마존도 있습니다. 쓰나미가 밀려오는 해안가가 있는가 하면 사막도 있습니다. 지구상 모든 육지가 균질하지 않은 것처럼 도시도 균질하지 않아서 각 지역마다 특성이 있습니다. 도시의 특성을 설명하는 이론으로 세 가지가 있는데, 동심원 도시 이론, 선형 도시 이론, 모자이크 도시 이론입니다.

동심원이란 활쏘기나 다트 게임을 할 때의 과녁판과 같이 하나의 중심을 갖는 크고 작은 원들이 겹쳐진 형태를 말합니다. 중심에 가까운 곳을 맞힐수록 점수가 높아지듯이 도시 역시 중심에 가까울수록 땅값이 비싸고 변두리로 갈수록 쌉니다. 도시는 보통 4~5개의 동심원으로 구성됩니다. 가장 가운데 위치한 지역을 제1권역 혹은 중심 업무 지구CBD: central business district라고 하는데 관청, 대기업 사무실, 금융기관, 백화점, 극장, 호텔 등이 몰려 있게 됩니다. 그 주변에 공장이 들어서게 되면 공장에서 일을 하거나 시내에서 장사를 하기 위해 시내 가까이 살아야 하는 사람들의 주거지가 몰리게 되는데 이것이 제2권역과 제3권역입니다. 제4권역은 부유한 주택가로, 주로 전문직에 종사하는 고소득층의 집이 자리잡게 됩니다. 가장 주변에 위치하는 제5권역은 중간계층과 서민층의 주거지가 자리잡게 됩니다. 이것이 동심원 도시 이론입니다.

서울을 예로 들면, 제1권역은 종로 1가의 상업 지역, 제4권역은 강남의 부유한 동네, 제5권역은 서울 주변 수도권 신도시에 해당합니다. 하지만 제2권역, 제3권역은 그다지 명확하지가 않습니다. 모든 이론은 말 그대로 이론이어서 현실에 적용해보면 정확히 맞아떨어지지는 않습니다. 또한 그 이론이 나오던 시대에는 그럭저럭 통용되었지만 시대가 변하면 맞지 않게 되어 새로운 이론이 등장하기도 합니다.

동심원 도시 이론은 19~20세기 초기의 도시에 적용되던 이론입니다. 영국에서 산업혁명이 일어나 산업도시가 등장하는데, 그때의 공장들은 주로 도시에 있었고, 그 주변에 공장에 다니는 노동자들의 거주지가 있었습니다. 공장 옆에 주택지가 있으니 환경이 그다지 좋지 못해서 부유한 사람들은 공장에서 멀리 떨어진 외곽에 거주하곤 했습니다. 도심에서 멀리 떨어진 교외가 새롭게 각광받던 시기에 등장한 이론으로, 19세기에서 20세기 중반까지는 들어맞았습니다. 하지만 산업화 시대가 끝나 탈산업화된 도시에는 정확히 맞아떨어지지 않아 새로운 이론으로 선형 도시 이론이 등장하게 됩니다.

선형 도시 이론

크고 둥글게 생긴 피자나 생일 케이크는 보통 여러 사람이 함께 나누어 먹습니다. 이때 6조각 혹은 8조각의 부채꼴 형태로 자릅니다. 도시도 바로 이러한 부채꼴 형태로 나누어진다는 이론이 선형扇形 도시 이론입니다. 도심의 가장 중심에 중심 업무 지구CBD가 있는 것은 동심원 도시 이론과 동일하되 CBD를 중심으로 6등분 또는 8등분 되는데 각 조각을 섹터sector라고 합니다. 그리고 각 섹터는 저마다 특징을 갖는다는 이론입니다. 정말로 그러한지 서울을 예로 들어보겠습니다.

서울은 한강 이북의 3개 섹터, 한강 이남의 3개 섹터 등 대략 6개의 섹터로 나뉩니다. 구체적으로 살펴보면 강북에서 청와대와 경복궁, 세종로, 남산, 용산으로 이어지는 강북 중앙권종로구, 중구, 용산구이 있고, 한강을 건너 사당동, 서초동 법원, 예술의 전당으로 이어지는 강남 중앙권동작구, 관악구이 있습니다. 물론 법원과 예술의 전당이 있는 서초동은 동작구나 관악구가 아닌 서초구이지만, 법원과 예술의 전당은 그 건물의 성격상 강남 중앙권에 넣는 것이 적당합니다. 왜 그런지는 이제 곧 나옵니다. 그런데 이 강북 중앙권과 강남 중앙권은 성격이 매우 비슷합니다. 청와대는 대통령이 있는 곳이고, 바로 앞에 있는 경복궁은 조선 시대에 왕이 살던 곳이었습니다. 경복궁 앞에 놓인 세종로는 조선 시대에는 육조 거리였고 해방 후에는 중앙청이 있던 곳으로 지금도 큰 집회나 시위가 벌어지는 매우 정치적인 곳입니다. 한강을 건너면 동작동이 나오는데, 이곳에는 순국선열들을 모신 국립서울현충원이 있습니다. 남쪽으로 내려와 서초동으로 오면 대법원과 대검찰청이 있고, 더 남쪽으로 내려오면 예술의 전당이 있습니다. 여기서 남쪽으로 내려오면 서울을 벗어나 과천이 나오는데, 이곳은 1980년대에 서울에 있던 중앙청이 이전하면서 생긴 행정 도시입니다. 그리고 과천을 지나 남쪽으로 내려오면 세종시가 나오는데, 2010년대에 들어 새롭게 조성되고 있는 행정 도시입니다. 세종시를 지나 더 남쪽으로 내려오면 대전시에 이르는데, 대전에는 한국조폐공사와 국립대전현충원을 비롯한 많은 정부 시설이 있습니다. 그러고 보니 청와대 – 경복궁 – 세종로 – 국립서울현충원 – 대법원과 대검찰청 – 과천시 – 세종시 – 대전시로 이어지는 강력한 남북 축을 볼 수 있는데, 이러한 축선에 위치한 시설들은 모두 다 정치적인 시설이라는 공통점이 있습니다. 특히 이 축선에는 국립현충원이 동작동과 대전 두 군데에 자리잡고 있는데, 현충원은 매우 정치적인 장소입니다. 역대 대통령을 비롯하여 참전 용사, 순국선열, 기타 나라를 위해 희생하신 의인을 모시는 장소로서 조선 시대의 종묘와 성격이 비슷합니다. 그래서 새 대통령이 취임할 때면 오전에 취임식을 한 뒤 곧바로 국립현충원에 들러 순국선열들에게 참배를 합니다. 서울에서 과천, 세종, 대전까지 이어지는 이 남북 축은 매우 강력한 정치적 공간입니다. 그런데 이러한 축선에 세종문화회관과 예술의 전당도 함께 있습니다.

세종문화회관은 박정희 대통령이, 예술의 전당은 전두환 대통령이 세운 국립극장입니다. 두 대통령은 독재정치를 하여 역사적인 평가가 부정적인데, 공교롭게도 대형 국립극장을 지었다는 공통점이 있습니다. 앞서 로마의 정치는 '빵과 서커스'라고 했습니다. 박정희 대통령과 전두환 대통령은 민주적인 절차가 아닌 쿠데타를 통해 정권을 잡았습니다. 두 대통령이 정권을 잡았던 1960~1980년대는 우리나라가 어느 정도 경제성장을 이룬 시기였지만 독재정치의 시기이기도 했습니다. 경제성장이라는 '빵'이 충족되자 이제 '서커스'가 필요해졌기 때문에 박정희 대통령은 강북에 세종문화회관을 지었고, 전두환 대통령은 강남에 예술의 전당을 지었던 것입니다. 이렇게 보았을 때 국립극장이 생각보다 정치적인 시설이라는 것을 알 수 있습니다. 이처럼 서울을 6등분 했을 때 남북을 가로지르는 2개의 섹터인 강북 중앙권과 강남 중앙권은 정치적인 성격이 매우 강한 공간입니다. 그리고 주변의 나머지 4개 섹터는 주거지에 해당하는데, 여기에도 성격이 조금씩 다릅니다.

강북의 동쪽인 성북구, 동대문구, 성동구는 1930~1940년대에 형성된 주거지입니다. 강북의 서쪽인 서대문구, 은평구, 마포구도 마찬가지입니다. 강남 개발이 진행되지 않았던 1960~1970년대의 서울이 여기에 해당합니다. 이 두 지역은 큰 특징 없이 성격이 비슷한 편입니다. 하지만 강남의 섹터들은 성격이 아주 다릅니다. 강남의 동쪽에 위치한 강동구, 송파구, 강남구, 서초구는 부유한 중산층 주거지를 형성하고 있습니다. 흔히 '강남'이라고 하면 이곳을 지칭하며, 서울에서 가장 잘사는 동네에 해당합니다. 그런데 강남의 서쪽에 해당하는 강서구, 영등포구, 양천구, 구로구는 조금 성격이 다릅니다. 모든 지역이 다 그러한 것은 아니지만 중국 동포들이 많이 살아서 영화의 배경이 되기도 합니다. 이처럼 서울은 6등분으로 나누어진 피자와 같다는 선형 도시 이론이 대략 맞아떨어집니다. 그러나 이것만으로 모든 것을 설명할 수는 없습니다.

강서 지역에서도 특히 어느 한 동네에만 중국 동포들이 몰려 사는 이유는 무엇일까요? 강남의 어느 동네는 프랑스인들이 많이 몰려 살아서 '서래마을'이라 불리기도 합니다. 이태원의 어느 동네에는 이슬람 사람들이 많이 살고 있어서 간판에는 아랍어와 한국어가 같이 쓰여 있습니다. 이슬람 여성들이 착용하는 베일을 파는 상점도 있고, 거리에는 이슬람 복장을 한 사람들이 다니고 있어서 이곳이 한국인지 이슬람 문화권의 도시인지 착각이 들 정도입니다. 이러한 현상을 설명하기 위한 이론으로 모자이크 도시 이론이 있습니다.

모자이크 도시 이론

모자이크란 각기 다른 색상을 가진 조그만 조각들로 큰 그림을 완

태국 사람들이 많이 사는 동네인지 간판에 영어와 태국어가 병기되어 있다.

성하는 것을 말합니다. 작은 타일 조각, 색색의 단추, 잘게 자른 색종이 등 모자이크의 재료는 무엇이든 될 수 있지만, 각각의 조각들은 작고 색상이 선명해야 합니다. 모자이크 도시란 어느 동네가 모자이크 조각처럼 특징이 선명해지는 것을 말합니다. 그렇다고 완전히 이질적인 것은 아니고, 작은 조각들이 모여 큰 그림을 그려나가듯이 각각의 특징 있는 동네들이 하나의 도시를 형성한다는 이론입니다.

외국의 도시에 나가보면 어디에나 차이나타운이 있고 코리아타운도 있습니다. 일본인이 많이 산다는 리틀도쿄가 있는가 하면 이탈리아인이 많이 살아서 리틀이탤리라 불리는 지역도 있습니다. 무슬림마을도 있고 유대인 마을도 있습니다. 미국 드라마나 영화를 보면 그런 현상이 더욱 두드러집니다. 이민자를 적극적으로 받아들였던 나라여서 여러 나라에서 온 사람들이 사는데, 골고루 섞여 산다기보다는 끼리끼리 모여 사는 느낌입니다. 대도시일수록 그런 현상이 심하니 모자이크 도시 이론도 맞는 것 같습니다. 그렇다면 예전에는 평범한 동네였다가 갑자기 중국 동포나 무슬림 등이 모여 사는 동네로 특화되는 이유는 무엇일까요?

유리판 위에 물이나 기름을 한 방울 떨어뜨리면 넓게 퍼져나가는 것이 아니라 둥글게 방울을 이루는데, 옆에서 보면 반구형으로 보입니다. 이는 물이나 기름이 가진 표면장력 때문입니다. 같은 민족끼리 혹은 종교가 같은 사람들끼리 한데 모여 사는 것이 마치 물방울 같아 보이기도 하는데 이는 '10%의 법칙' 때문입니다.

미국의 어느 도시에 백인들이 모여 사는 중산층 동네가 있고 그 옆에 주로 흑인들이 사는 가난한 동네가 있습니다. 그런데 가난한 동네에 사는 흑인 아이가 열심히 공부해서 의사나 변호사가 되었다고 합시다. 전문직에 종사하여 돈을 많이 벌게 되면 그는 가난한 흑인 동네에 사는 것이 아니라 인근의 백인 중산층 동네로 이사를 가게 됩니다. 이렇게 성공한 흑인 한두 명이 부유한 백인 동네에 이사 왔다고 해서 당장 누가 내쫓는 것은 아닙니다. 오히려 이웃의 백인들은 흑인도 노력하면 성공할 수 있다는 생각에 그를 따뜻하게 대해줄 것입니다. 그런데 만약 흑인이 한두 명이 아니라 10여 명이 보인다면 기분이 어떨까요? 더구나 의사나 변호사 같은 전문직이 아니고 아예 직

이태원 거리 풍경. 서울도 점차 외국인이 많아지는 국제 도시가 되어가면서 일부 지역이 모자이크 처럼 특화되기도 한다.

업이 없는 모양인지 대낮에도 여기저기 모여서 어슬렁거린다면 왠지 기분이 꺼림칙합니다. 그러다 보니 "요새 우리 동네가 아무래도 좀 이상해. 흑인들도 많이 보이고 말이야. 예전에는 전문직에 종사하는 부유한 백인들만 사는 동네였는데 이제 이 동네도 한물갔나 봐. 아무래도 안 되겠어, 집값이 더 떨어지기 전에 빨리 팔고 다른 동네를 알아봐야겠어."라는 생각이 들 법도 합니다. 그래서 얼른 집을 팔고 다른 동네로 이사를 가게 됩니다. 그렇게 백인들이 하나둘 떠나면 그 동네의 집값이 떨어지면서 가난한 흑인들이 이사를 오게 됩니다. 본래 백인 중산층 동네였던 곳이 어느새 흑인 마을로 변하고, 이사를 갈 돈이 없는 백인 노인들만 그대로 머물러 살게 됩니다. 즉, 한동네에 흑인의 유입 비율이 10%를 넘어가게 되면 기존 백인들의 이탈이 시작되면서 급격히 동네의 성격이 변화하는 것입니다. 이를 '10%의 법칙'이라고 합니다.

미국 도시에서는 흑인과 백인의 갈등이 심하기 때문에 흑백 인종 간의 차이를 예로 들었지만 흑인이 아닌 중국 동포, 방글라데시나 파키스탄 등지의 외국인 노동자로 대체해서 생각해도 마찬가지입니다. 현재 우리나라는 외국인 노동자로 인한 문제가 많이 발생하고 있습니다. 서울 남서권의 일부 지역이 점차 모자이크처럼 특화되는 것은 외국인 노동자의 증가와 관련이 깊습니다.

외국인 이주 노동자

방글라데시나 파키스탄 같은 아시아의 노동자들이 한국에 들어오는 것은 돈을 벌기 위해서입니다. 중국 동포 역시 돈을 벌기 위해 온 것입니다. 이처럼 본래 살던 곳을 떠나 다른 지역이나 다른 나라에 정착하여 일하는 것을 '이주 노동'이라고 합니다. 1960~1970년대까지만 해도 우리나라 사람이 외국으로 나가 일을 하곤 했지만 1990년대 이후 반대로 외국인이 우리나라에 들어오기 시작했습니다. 우리나라 소득 수준이 높아지면서 3D 업종을 기피했기 때문입니다. 3D 업종이란 위험하고danger 더럽고dirty 어려운difficult 일을 말하는데, 주로 영세한 공장에서 하는 힘든 일을 말합니다. 예전에는 이런 일이라도 했지만 소득 수준이 높아지면서 이런 일을 기피하는 현상이 나타나기 시작한 것입니다. 그러자 소규모 공장에서는 일손이 부족하여 곤란을 겪었습니다. 이에 정부에서 '산업연수생'이라는 이름으로 외국인 노동자를 받아들이기 시작했습니다. 주로 파키스탄, 방글라데시, 베트남, 인도네시아, 스리랑카, 필리핀, 미얀마 등 아시아 국가의 노동자들이 많았습니다. 이들은 한국에 무한정 머물 수 있는 게 아니고 일정 기간이 지나면 다시 자기 나라로 돌아가야 합니다.

하지만 일정 기간이 끝나고도 돌아가지 않은 채 계속 머무는 사람들이 있었습니다. 불법 체류자가 된 이들은 원래 약속했던 공장이 아닌 다른 곳에 가서 일을 하기도 합니다. 그러다 보니 이들을 대하는 한국인 고용주들의 태도에도 문제가 생깁니다. 불법 체류자 신분이기 때문에 부당한 일을 당해도 신고를 하지 못할 거라고 여기고 월급을 제대로 주지 않거나 근무 시간 외에도 일을 시켰습니다. 한국 문화에 서투르고 언어가 잘 통하지 않는다는 이유로 함부로 대하기도 했습니다. 그러자 외국인 노동자들은 스스로의 권리와 인권을 지키기 위해 점차 모여 살기 시작했습니다. 주로 공장 주변에 많이 살게 되었는데 원래 그 동네에 살던 한국인들은 점점 불편해졌습니다. 한국어보다 외국어가 더 많이 들리는 것이 어쩐지 내가 이방인이 된 느낌입니다. 결국 한국인들은 하나둘 이사를 나오고 그곳은 외국인 마을이 되어갔습니다. 특히 영등포구와 구로구 등 서울의 남서 지역에서 이런 현상이 두드러졌습니다. 그곳에는 예전부터 공장이 많았기 때문입니다.

우리나라도 이제는 다문화 사회가 되어가고 있습니다. 외국인 이주 노동자뿐만 아니라 베트남, 중국 등지에서 시집 온 결혼 이주 여성도 많고 한국 남성과 이주 여성 사이에 태어난 어린이도 많습니다. 탈북자도 점차 많아지고 있으며 앞으로는 외국의 난민을 받아들일지도 모릅니다. 그리고 이들은 어느 특정 동네에 몰려 살면서 그들만의 문화를 형성할지도 모릅니다. 외국의 도시에서 만나는 차이나타운, 리틀도쿄, 리틀이탤리가 신기해 보일지 몰라도 그런 현상이 가속화되면 사회 통합을 해칩니다. 이것이 바로 모자이크 도시의 문제점입니다. 외국인이 많아지면서 서울이 점차 국제화 도시, 다문화 사회가 되어가고 있는 이때, 차분히 생각해볼 문제입니다.

글로벌한 도시

이주 노동자로 인한 다문화 사회에서 도시가 더 글로벌해진 사례가 있습니다. 바로 안산입니다. 안산은 1970~1980년대에 반월공업단지와 시화공업단지를 조성하면서 급격히 성장한 공업 도시로, 2000년대 들면서 외국인 비율이 높아졌습니다. 특히 안산시 단원구의 외국인 비율은 20~30%를 차지하는데, 우리나라 전체 등록 외국인 비율이 전국적으로 2% 정도를 차지하는 것과 비교해볼 때 매우 높은 수치입니다. 안산역 근처는 숫제 외국인 거리입니다. 이곳에는 중국 식당이 50여 곳이나 되고, 인도네시아, 파키스탄, 스리랑카, 네팔, 이란, 베트남, 러시아 등 세계 각국의 식당과 식품점을 합치면 대략 110여 곳에 이릅니다. 그뿐만 아니라 외국인을 상대로 하는 노래방, 휴대전화 대리점, PC방 등도 많이 있습니다. 이에 2009년 5월 정부는 이곳을 다문화 마을 특구로 지정하여 '국경 없는 마을'이라 이름 붙였습니다. 이는 대림동의 중국 동포 마을, 가리봉동의 연변동연변 출신의 중국 동포들이 많이 살아서 붙인 이름, 인천의 화교촌, 부산의 상해마을, 방배동의 서래마을, 동부이촌동의 일본인 마을과는 조금 다릅니다. 같은 나라 사람끼리, 또는 같은 인종끼리 동네를 형성하여 모여 사는 것이 아니라 국적, 민족, 인종에 상관없이 다양한 사람들이 골고루 섞여 살고 있기 때문입니다.

외국인들에게 안산은 모국어를 쓰는 사람을 만날 수 있는 곳이자 모국어 신문과 잡지를 읽을 수 있고 모국 음식을 먹으며 모국의 텔레비전 방송도 볼 수 있는 곳입니다. 한국인에게는 아시아 각국의 문화와 음식을 접할 수 있는 곳입니다. 한국 속에 자리잡은 다양한 지구촌 사람들의 삶을 통해 또 하나의 문화를 체험하고 싶을 때 안산의 '국경 없는 마을'을 찾을 수도 있습니다. 국경 없는 마을에서는 해마다 지역 주민이 참여하는 다문화 축제가 열려서 외국인과 한국인, 이주민과 원래 마을 사람들이 모두 다 함께 어울립니다. 안산에 외국인이 많이 사는 것은 여느 다른 도시와 다르지 않지만 국경 없는 마을의 특징은 이들이 배타적으로 모여 살지 않는다는 것입니다. 한 나라의 사람들만 모여 살면 배타적이 되기 쉽지만 골고루 혼합되어 살기 때문에 진정한 모자이크 도시가 될 수 있습니다

모자이크를 가만히 들여다보면 각각의 조각들은 제각기 독특한 색상과 모양을 하고 있습니다. 파란색 물감과 빨간색 물감을 섞으면 보라색이 되지만, 모자이크는 파란색 돌과 빨간색 돌을 함께 두었다고 해서 보라색 돌이 되지는 않습니다. 전혀 섞이지 않는 듯하지만, 한 발자국 떨어져서 보면 결국 큰 그림을 그리고 있음을 알 수 있습니다. 제각기 없어서는 안 되는 소중한 조각들입니다. 모자이크 도시도 마찬가지입니다. 다른 인종, 다른 민족의 사람들이 모여 서울이라는 큰 도시를 그려나가는 것, 그것이 진정한 모자이크 도시입니다.

●■▲ 이주 노동의 역사

　우리나라 근현대사를 살펴보면 일제 강점기부터 이주 노동이 시작되었습니다. 그때는 시골에서 서울로 돈을 벌러 오는 경우가 많았습니다. 당시 서울은 일본 자본이 들어오면서 근대적으로 변화하고 있었습니다. 공장도 생기고 서비스직이라는 새로운 직업이 생기면서 농촌을 떠나 도시로 들어오는 사람이 많아졌습니다. 북촌과 서촌에 개량 한옥이 들어서게 된 것도 서울에 새롭게 유입되는 인구가 많아졌기 때문입니다다. 도시에 회사와 상점이 많아지고 월급을 받는 샐러리맨과 공장 노동자들이 증가하면서 생긴 현상입니다. 시골에서 농사를 짓는 것보다 도시로 나와 공장이나 직장에 다니는 것이 훨씬 나았기 때문에 시골을 떠나 도시로 이주 노동이 시작되었습니다. 외국으로 나가는 것이 아니라 한 나라에서 벌어진 일이기는 해도, 조상 대대로 살던 농촌을 떠나 도시로 이주했다는 점에서 이주 노동입니다.

　1960~1970년대에는 우리나라 사람도 일자리가 없어 외국으로 나가서 일을 했습니다. 대표적인 예가 1963년부터 독일로 파견한 광부와 간호사입니다. 탄광에서 석탄을 캐는 일은 매우 고되고 힘이 듭니다. 환자들을 옆에서 간호하는 일도 다를 바 없습니다. 당시 독일은 소득 수준이 높아져서 그렇게 힘든 일은 하지 않으려고 했지만, 전쟁 후 가난했던 우리나라는 그런 일자리라도 맡아서 해야 했습니다. 그래서 한국 사람들이 독일의 광부와 간호사로 파견을 나갔습니다. 이것이 정부 차원에서 체계적으로 한 일이라면 개인적으로 일본이나 미

국으로 돈을 벌러 간 사람도 많았습니다. 1970~1980년대에는 특히 미국으로 이민을 가는 사람이 많았습니다. 미국은 기회의 땅이라느니, 완전한 평등 사회라느니 하면서 이민을 갔지만 실은 일자리를 찾아 돈을 벌기 위해 떠난 것이었습니다. 이렇다 할 전문직이나 특별한 기술이 없었던 이들은 주로 가게에서 아르바이트를 하거나 식당에서 접시닦이 등을 하면서 돈을 벌었습니다. 이때까지는 주로 우리나라 사람들이 돈을 벌기 위해 외국으로 나갔습니다. 하지만 1990년대부터는 오히려 외국인이 우리나라에 일을 하러 들어오기 시작합니다.

●■▲ 영등포가 공업지대가 된 까닭

일반적으로 도시는 하천을 끼고 발달하게 됩니다. 18세기 중반 영국에서 산업혁명이 일어났을 때에도 공장은 주로 하천 변에 들어섰습니다. 예전의 공장들은 수력발전에 의존하는 경우가 많았기 때문입니다. 화력발전도 마찬가지입니다. 화력발전의 원리는 물을 끓여 발생하는 수증기로 기계를 돌리는 것이므로 충분한 물을 얻을 수 있는 강가에 세워져야 합니다. 그리고 18세기는 요즘처럼 자동차가 큰 역할을 하지 못하던 때여서 원자재는 주로 배를 통해 실어 날랐습니다. 따라서 물류를 운송하거나 완제품을 외국으로 수출하기 위해서는 인근에 큰 항구 도시가 있어야 합니다.

이런 조건을 두루 갖춘 곳이 서울의 영등포구와 구로구였습니다.

한강 변에 위치해 있었고, 마포구 당인동에는 우리나라 최초의 화력발전소도 있었습니다. 그곳에서 전기를 생산하여 영등포구와 구로구에 있는 공장들의 기계를 돌렸습니다. 그리고 한강을 따라 서쪽으로 내려가면 항구 도시인 인천이 있어서 공장에서 생산한 물품을 수출하기에 적합했습니다. 이러한 지리적 조건을 바탕으로 영등포와 구로 지역이 공업지대가 되자 주변에 공장 근로자들이 많이 살게 되었습니다. 그리고 1990년대 이후 외국인 노동자가 밀려 들어오면서 이곳은 특화되기 시작합니다.

7

남영동
대공분실

학교를 가려고 준비하던 어느 날 아침, 라디오를 통해 들려오는 소식이 심상치 않았습니다. 학생 시위로 연행되어 조사를 받던 대학생이 돌연 사망했다는 소식이었습니다. 형사가 마주 앉아 취조를 하던 중 '책상을 탁 하고 치자 갑자기 억 하고 쓰러져 사망했다'는 이야기였습니다. 하지만 그 어처구니 없는 내용을 그대로 믿는 사람은 아무도 없었습니다. 이것은 분명 고문 끝에 사망한 것이고, 그걸 숨기기위해 말도 안 되는 이야기를 지어낸 것이라고 다들 짐작하고 있었으니까요. 이것이 1987년 1월 용산구 남영동의 대공분실에서 고문 끝에 사망한 '박종철 사건'입니다.

생각해보면 남영동 대공분실을 설계했던 건축가가 있을 것입니다. 그전까지 건축이라고 하면 아름답고 훌륭한 건물만 설계하는 줄 알았는데, 사람을 고문하는 건물도 있었던 것입니다. 그 건물을 설계한 사람은 누구였을까요?

권력의 시녀로서의 건축

건축은 돈이 많이 드는 행위입니다. 집을 하나 짓자면 땅이 있어야 하고 설계사무소에 설계를 맡겨야 하며 실제로 짓기까지 정말많은 돈이 듭니다. 그래서 저항 문화가 불가능한 영역입니다. 건축도 예술의 일부라고 하는데, 예술에는 많은 분야가 있습니다. 시인

은 시를 쓰고, 소설가는 소설을 쓰고, 화가는 그림을 그리고, 사진가
는 사진을 찍습니다. 그런데 시를 쓰고 소설을 쓰는 데에는 원고지
와 펜 한 자루, 요즘에는 컴퓨터만 있으면 되므로 많은 돈이 들지 않
습니다. 화가가 그림을 그리자면 물감과 캔버스가 있어야 하고, 사
진가가 사진을 찍으려면 카메라와 필름이 있어야 하지만 이것 역시
그다지 큰돈이 들지 않습니다. 그래서 돈에 구애받지 않고 자신이
생각하는 바를 자유롭게 표현할 수 있습니다. 왜 노동자들은 아무리
열심히 일해도 항상 가난한가라는 내용의 시를 쓴 시인 박노해, 『노동
의 새벽』도 있고, 배가 고파 빵 한 덩이를 훔쳤다는 이유로 오랜 기간
교도소에서 복역해야 했던 사람의 이야기를 쓴 소설가빅토르 위고, 『레
미제라블』도 있습니다. 부자들은 빵이 먹기 싫어 과자를 먹을 동안 가
난한 사람들은 빵이 없어 감자를 대신 먹는 그림을 그린 화가반 고흐,
「감자를 먹는 사람들」도 있고, 베트남 전쟁 당시 폭격을 만난 어린 소녀
가 벌거벗고 울면서 뛰쳐나오는 장면을 찍은 사진가닉 우트, 「네이팜탄
소녀」도 있습니다. 이처럼 사회에서 일어나는 부당함과 아픔을 표현
함으로써 부조리한 사회에 저항하는 것을 저항 문화라고 합니다. 그
런데 모든 예술은 저항 문화가 가능하지만 건축은 저항 문화가 불가
능한 영역에 속합니다.

　건물을 짓자면 많은 돈이 들기 때문에 건축가가 제 돈을 들여서 할
수가 없습니다. 대개는 누군가가 건축가에게 설계를 부탁하는 형태
로 이루어집니다. 이때 "우리 집을 지어주세요."라고 의뢰하는 사람

을 건축주建築主라고 하는데, 건축가는 건축주의 뜻과 요구에 응해야 합니다. 그러다 보니 건축가는 자신의 의도와는 별개로 건축주의 뜻에 따라야 하는 경우가 많습니다. 특히 대형 건물일수록 그러합니다. 이를테면 대기업의 사옥이나 공공건물 등은 그 건물을 짓고자 하는 사람, 즉 건축주의 요구 조건에 맞추어야 합니다. 그래서 건축은 저항 문화 대신 돈과 권력에 의지해서 발달하는 경우가 많습니다. 세계적으로 유명한 건축물들은 거의가 권력의 힘으로 지어진 것입니다.

세계에서 가장 호화롭고 아름다운 3대 건축물로 프랑스의 베르사유 궁전과 루브르 궁전, 러시아의 에르미타주 궁전을 꼽습니다. 이 건물들은 모두 강력한 왕권의 뒷받침 아래 지어졌다는 공통점이 있습니다. 프랑스의 루이 14세는 항상 "짐이 곧 국가이니라."라고 말할 정도로 강력한 왕권을 행사했습니다. 이를 '절대왕정'이라고 하는데, 그 시절에 지어진 건물이 베르사유 궁전과 루브르 궁전입니다. 세계사의 무대에 뒤늦게 등장하여 프랑스의 절대왕정을 모방한 러시아 역시 마찬가지였습니다. 베르사유 궁전이 5월의 푸른 잔디밭 위에 핀 화려한 장미꽃이라면 그 꽃을 유리로 만들어 러시아의 흰 눈밭에 꽂아놓은 것이 에르미타주 궁전이라고 말하는 사람도 있습니다. 그러나 지나치게 강력했던 왕권은 오래 가지 못합니다. 프랑스에서는 1789년 프랑스대혁명이 일어나 루이 16세와 왕비 마리 앙투아네트가 처형당했고, 러시아에서는 1917년 혁명이 일어나 황제 니콜라이 2세와 그의 가족이 모두 처형되었습니다. 역사적으로 가장 화려한

프랑스 루이 14세의 '절대왕정'을 상징하던 베르사유 궁전. 지금은 박물관으로 이용되고 있다.

궁전을 지었던 프랑스와 러시아는 민중이 혁명을 일으켜 왕조를 무너뜨렸다는 공통점이 있습니다.

이렇게 화려한 궁전을 지었던 이유는 왕권을 과시하기 위해서였습니다. 지금도 마찬가지입니다. 독재정치를 하거나 쿠데타로 정권을 잡은 경우에 화려한 대형 건축물을 짓는 경우가 많습니다. 지지 기반이 취약한 정권일수록 대형 건축물을 지어서 그것을 선전 수단으로 이용해야 하기 때문입니다. '저렇게 크고 훌륭한 건물을 지은 걸 보니 우리나라도 잘사는 모양이다', '대통령이 독재정치를 하고 있지만 그래도 나라 살림은 그럭저럭 잘하는 모양이다'라는 생각을 심어주기 위해서입니다.

박정희 대통령의 통치 기간도 그러했습니다. 1960~1970년대는 우리나라가 한창 경제개발을 하던 때라서 "우리도 잘살 수 있다. 우리는 원래부터 우수하고 슬기로운 민족이라서 열심히 노력하면 얼마든지 잘살 수 있다."라는 생각을 심어주어야 했습니다. 그 과정에서 국가 주도의 대형 건축물이 지어지는데 대표적인 것이 박물관입니다. 국민들에게 자부심과 애국심을 고취시키기 위한 목적으로 지어지는 것이 박물관입니다. 절대왕정이 사라진 자리에 새롭게 대통령제가 들어서자 예전처럼 '왕에게 무조건 충성하라'는 강요가 아니라 '우리는 애국심을 가져야 한다'는 새로운 담론이 필요해졌고, 이러한 새로운 애국심을 고취시키는 장소로 박물관이 필요해진 것입니다. 그리고 보니 베르사유 궁전, 루브르 궁전, 에르미타주 궁전은 모두 다 박물관으로 개조되었습니다. 절대왕정이라는 권력을 담기 위한 그릇으로 지어진 궁전이 지금은 애국심을 고취시키는 장소로 다시 사용되고 있는 것입니다. 이렇듯 박물관은 근대 국가가 새로 탄생하는 19세기 유럽에서 애국심을 고취시키고자 하는 목적으로 많이 지어집니다.

해방 후 산업화를 거치면서 빠르게 근대 국가로 성장하던 우리나라도 1960년대부터 1980년대까지 많은 박물관이 지어졌습니다. 경복궁 내에 있는 국립중앙박물관^{현 국립민속박물관}을 비롯하여 국립부여박물관, 국립진주박물관, 국립청주박물관 등 지방 거점 도시에도 박물관이 세워졌습니다. 이 박물관들은 모두 당시 가장 유명했던 건축가 김수근이 설계한 것입니다.

박물관 외에 애국심을 고취시키는 또 하나의 방법은 올림픽과 같은 대형 국제 행사를 치르는 것입니다. 우리나라는 1986년 아시안게임과 1988년 서울올림픽을 개최하게 되는데, 개발도상국에서 특히 올림픽을 치른다는 것은 국제 사회에서 인정받는 계기가 됩니다. 우리는 1950년대에는 외국의 원조를 받기도 했지만, 1970~1980년대에 경제개발을 이루어 어느 정도 잘살게 되었습니다. 이러한 때에 올림픽을 치르기로 결정이 났으니, 이제 한국도 잘사는 나라라는 것을 전세계에 보여주는 성인식과도 같았습니다. 그런 한편 대내적으로도 의의가 있었습니다.

서울올림픽을 치르기로 결정이 난 것은 전두환 대통령이 재임하던 1981년이었습니다. 그 무렵 우리 생활에 몇 가지 변화가 있었습니다. 우선 야간 통행 금지가 해제되었고, 중고등학생 교복이 폐지되었으며, 컬러 텔레비전 방송이 시작되었습니다. 그리고 프로야구가 출범하여 스포츠가 일상 속으로 파고들었습니다. 이렇게 되자 표면적으로는 자유롭고 화려한 생활을 하게 되면서 대통령이 독재를 하건 말건 큰 신경을 쓰지 않게 되었습니다. 쿠데타로 정권을 잡았더라도 어쨌든 잘살게 해주니 크게 문제 삼을 거 없지 않으냐는 생각까지 하게 된 것입니다. 거기에다 아시안게임에 이어 올림픽까지 치르게 되었으니 이제 우리나라도 잘사는 나라가 되었다는 생각을 심어주기에 충분했습니다. 올림픽은 국제적인 체육 행사이기 이전에 애국심을 고취하면서 전 국민을 단결시키는 효과가 있습니다. 이제 올림픽을 담기 위한 그릇으로 주경기장이 필요해졌고, 서울올림픽주경기장이 건설됩니다. 이 설계도 김수근이 맡았습니다.

김수근은 매우 유명한 건축가입니다. 1931년에 태어나 서울대학교 건축공학과와 일본의 동경예술대학 건축학과에서 공부했던 그는 1961년 한국에 돌아와 건축가로 활동하게 됩니다. 그가 설계한 건물로는 앞서 말한 박물관들과 서울올림픽주경기장 외에도 덕수궁 옆에 있는 정동 문화방송 사옥, 세운상가, 대전으로 이전하기 전의 카이스트현 홍릉과학기술연구소 등 수도 없이 많습니다. 김수근이라는 이름은 생소하더라도 그가 설계한 건물은 이미 많이 보았을 것입니다. 이뿐만 아니라 그는 우리나라에서 가장 유명한 설계 사무소인 '공간'을 운영했고, 건축과 예술 전반에 이르는 내용을 다루는 수준 높은 잡지 『공간』도 펴냈습니다. 아울러 설계사무소와 잡지를 펴내는 사무실 용도의 '공간 사옥'도 설계했는데, 이 건물은 문화재로 등록되어 있을 만큼 유명합니다. 그렇게 훌륭한 건축가였지만 권력자의 요구에 따른 건축물을 짓기도 했습니다. 박물관이나 올림픽 경기장 등은 자랑스럽게 내세울 수 있지만 한편으로는 숨겨진 건축물도 있었습니다. 남영동 대공분실도 그중 하나입니다.

남영동 대공분실

　남영동 대공분실의 정확한 명칭은 '경찰청 치안본부 대공분실'입니다. 여기서 '대공對共'은 공산당에 대항한다는 뜻으로, '반공'과 비슷한 말입니다. 1960~1970년대만 해도 공산당에 반대한다는 '반공', 공산당을 멸하자는 '멸공'이라는 말이 자주 쓰였는데, 학교에서도 엄격한 반공 교육을 받았습니다. 그때는 북한에서 내려온 간첩이 많을 때라서 대공분실은 국내에서 활동하는 간첩을 잡는 곳이었는데, 때로는 엉뚱한 사람을 잡아들이기도 했습니다. 독재 정권에 저항하는 사람들을 잡아다가 취조를 하기도 했는데, 그곳이 남영동 대공분실입니다. 1976년에 지어진 이 건물은 전체 7층 높이에 검은색 벽돌로 지어져 있어 평범해 보입니다. 하지만 건물의 비밀은 5층에 있습니다. 15개의 작은 방이 있었는데 크기가 얼마나 작은지 요즘의 고시원과 비슷했습니다. 방마다 작은 침대, 변기, 욕조가 하나씩 있었고 폭 30센티미터의 창이 나 있었습니다. 이 방이 바로 민주화운동을 하던 사람들을 잡아다 놓고 심문을 하던 취조실이었습니다. 방 안에 침대와 변기, 욕조, 세면대가 마련되어 있으면 그 안에서 모든 것을 해결할 수 있습니다. 이는 반대로 말하면 이 방에 들어온 사람은 밖으로 자유롭게 나갈 수 없다는 뜻이기도 했습니다.

　건축가가 설계를 할 때면 건축주가 요구하는 설계 지침에 따라야 합니다. 어떤 용도의 건물이므로 이러저러한 용도의 방들이 필요하

남영동 대공분실. 검은색 벽돌로 마감한 7층 건물로, 취조실이 있는 5층에만 유독 작은 창이 나 있다. 겉으로는 평범해 보이지만 이곳에서 박종철 군이 고문으로 숨졌다. 지금은 경찰청 인권센터로 거듭나 4층에 박종철 기념관이 있으며, 그가 숨진 취조실은 '박종철의 방'으로 보존되어 있다.

다는 자세한 요구 조건이 뒤따릅니다. 학교 건물을 짓는다고 하면 일반 교실 외에 음악실, 미술실, 과학실, 무용실 등의 특별 활동 교실, 도서실, 방송실, 교무실, 교장실, 서무실 등이 필요하고 급식실과 조리실, 숙직실, 강당, 체육관 등 많은 방이 필요합니다. 그리고 각 방은 용도에 맞게 설계해야 합니다. 이를테면 조리실에는 많은 양의 밥과 반찬을 만들기 위한 커다란 싱크대가 필요합니다. 무용실에는 사방에 거울이 달려 있어야 하고, 음악실에는 방음 장치가 되어 있어야 합니다. 이처럼 각 방을 용도에 맞게 설계하는 것을 프로그래밍이라고 합니다.

김수근이 남영동 대공분실의 설계를 하게 되었을 때도 상세한 설계 지침과 그에 따른 프로그래밍이 나왔을 것입니다. 취조실을 만들어야 한다는 조항도 있었겠지요. 취조실이라면 형사와 피의자가 마주 앉을 책상과 잠시 쉴 수 있는 소파 하나 정도만 있으면 될 듯합니다. 그런데 침대, 변기, 세면대와 작은 창을 설치하라는 조항을 보았을 때 그곳이 고문실로 사용될 것이라는 예상을 했을 것입니다. 욕조를 설치하라는 조항을 보았을 때, 이곳에서 물고문이 일어날 수도 있다는 것을 직감했을 법도 합니다. 남영동 대공분실의 5층 취조실은 그렇게 지어졌습니다. 좁은 복도에 양옆으로 주르르 늘어서 있고, 침대 하나, 책상 하나, 세면대, 욕조, 변기가 놓인 작은 방, 그곳은 취조실이라기보다는 차라리 감옥이었습니다. 이곳에서 많은 사람들이 자백을 강요받으며 고문을 당했던 것입니다.

남영동 대공분실은 그 후로도 계속 취조실로 사용되다가 2005년에 이르러 완전히 바뀌게 됩니다. 경찰청 인권센터로 거듭나 4층에는 박종철 기념관이 만들어지고, 그가 고문을 당해 숨진 5층 취조실은 '박종철의 방'으로 보존되어 있습니다. 2018년 12월부터 이곳은 경찰청이 아니라 민주화운동기념사업회가 관리 책임을 맡아 시민사회와 함께 운영하고 있으며, 2022년 민주인권기념관으로 정식 개관할 예정입니다.

이후 김수근은 서대문경찰청, 서초동 법원 청사 등을 설계합니다. 박물관, 올림픽 경기장, 남영동 대공분실, 경찰청, 법원 등은 서로 상관이 없어 보이지만 실은 공통점이 있습니다. 건축주가 바로 국가 권력이라는 점입니다. 건축주 앞에서 건축가의 힘은 미미하기만 합니다. 건축주가 국가 권력이라면 더욱 그러합니다. 어쩌면 건축가는 국가 권력 앞에서 충실한 시녀로 행동하는지도 모르겠습니다. 그래서 남영동 대공분실은 많은 것을 생각하게 합니다.

그렇다면 건축가는 항상 권력의 시녀 노릇만 하는 것일까요? 건축가가 자신의 창의적인 아이디어로 인류에게 좋은 공간을 마련한 사례는 없는 것일까요? 좋은 건축, 훌륭한 건축가의 역할은 무엇일까요?

종이로 만든 집, 절반의 집

노벨상은 물리학, 화학, 생리학·의학, 문학, 경제학, 평화 등의 부문에서 인류의 복지에 공헌한 사람이나 단체에 주는 상입니다. 건축은 노벨상의 분야에서 제외되어 있지만 대신 건축계의 노벨상이라 불리는 프리츠커상이 있습니다. 건축 예술을 통해 인류와 환경에 크게 공헌한 건축가에게 매년 수여하고 있습니다. 그전까지는 건축을 예술의 한 분야로만 생각했지만 최근에는 사회 기반 시설을 제공하여 시민에게 봉사하는 기술로 생각하는 방향으로 바뀌고 있습니다. 따라서 프리츠커상 역시 예술성보다는 사회와 인류에게 크게 공헌한 면을 더 중요시하고 있습니다. 최근 수상자들을 보면 국가나 부자에게 의뢰를 받아 멋진 건물을 지은 건축가가 아니었습니다.

2014년 수상자는 일본인 시게루 반인데, 그의 대표적인 건축은 '종이로 지은 집'입니다. 1994년 아프리카 르완다에 내전이 일어나 많은 사람이 집을 잃고 길거리에 나앉았습니다. 이들에게는 멋지고 세련된 집보다는 저렴한 가격으로 빠른 시간에 지을 수 있는 집이 필요했습니다. 시게루 반은 값싸고 쉽게 구할 수 있는 종이에 눈길을 돌렸습니다. 종이는 쉽게 찢어지는 소재이지만 둥글게 말아 파이프로 만들면 내구력이 강해집니다. 형태와 강도는 통나무처럼 강하지만 속이 비어 있기 때문에 무게가 가볍습니다. 물론 물에 젖으면 쉽게 찢어지는 단점이 있기 때문에 방수 처리를 해야 합니다. 시게루 반은 이렇게 만든 종이 파이프 즉 지관紙管으로 통나무집을 지었습니다. 1995년 일본 고베 대지진, 1999년 터키 지진, 2001년 인도 지진 때 종이로 만든 집을 지어 제공했고, 2008년 중국 쓰촨성 대지진 때는 종이로 만든 집 외에 종이로 만든 학교까지 지었습니다. 종이로 만든 집은 한 채당 200만 원 내외였습니다.

종이로 만든 집이라니, 이런 것도 건축인가 의아하겠지만, 건축의 본연은 인간이 쉴 만한 보금자리를 제공하는 일입니다. 종이 건축의 장점은 싼값에 빠르게 지을 수 있고, 지어진 후에는 해체가 쉬우며, 해체 후에는 재사용이 가능하다는 점입니다. 여러분도 종이 빨대를 구해다가 모형 집을 지어볼 수 있을 정도로 쉽고 간단합니다. 빨대를 뜯어서 해체한 다음 새로운 집을 지어볼 수도 있습니다. 시게루 반의 아이디어는 이처럼 쉽고 간단한 일이었습니다.

2016년 수상자인 칠레 출신의 건축가 알레한드로 아라베나도 마찬가지였습니다. 칠레 북부의 항구 도시에는 30년이 넘은 슬럼가가 있었는데, 2004년 아라베나는 이들이 살 집을 짓는 프로젝트를 맡았습니다. 문제는 예산이 너무 부족하고 땅도 좁다는 것이었습니다. 5,000제곱미터의 땅에 100가구가 살 집을 지어야 했는데 정부 보조금은 가구당 7,500달러900만 원 정도로 터무니없이 적었습니다. 아라베나는 완성된 집을 제공하는 대신 기둥, 바닥, 지붕 등의 뼈대와 설비가 마련된 미완성 집을 제공하고 나머지는 주민이 스스로 완성하도록 했습니다. 이른바 '절반의 집half of a good house'이었습니다.

이는 20세기 유럽에서 꾸준히 제시되어 온 스트럭처 앤 인필 시스템structure & in-fill system 개념과 비슷합니다. 공공 주택을 지을 때 도로와 상하수도, 전기 설비, 구조체 등 기반 시설은 정부나 지자체에서 제공하고 주택 내부는 거주자가 스스로 알아서 꾸미는 방식입니다. 아라베나는 이 방식을 사용했고, 이는 거주자에게 내 집이라는 애착을 갖게 했습니다. 게다가 주민 가운데에는 미장공, 타일공, 목수 등 본래 건축일을 하던 사람도 많았기 때문에 일자리를 제공하는 역할도 했습니다.

'종이로 지은 집'은 지진이나 전쟁으로 난민이 발생했을 때 빠른 시간에 싼값으로 지을 수 있는 집이었습니다. '절반의 집'은 완성된 집 대신 기둥과 뼈대, 설비만 있는 집을 제공하고 거주자가 자신이 살 집을 직접 꾸미게 함으로써 내 집이라는 애착을 가지도록 했습니다. 이런 집들은 화려하게 빛나는 건축이 아닙니다. 가난한 사람들을 위한 건축이었습니다. 권력에 기생하지 않았고, 그렇다고 권력에 저항하지도 않았습니다. 왜 전쟁이 나서 난민이 생겨야 하는지, 왜 도시에는 빈민이 생겨 슬럼가에서 불법 점유를 하고 사는지 따져 묻지도 않았습니다. 다만 그들에게 따뜻한 집 한 채를 제공했을 뿐입니다. 어쩌면 이것이 가장 바람직한 건축가의 모습이라고 생각합니다.

8

와우아파트와
삼풍백화점

학교에서 돌아와 저녁을 먹는데 텔레비전에서 들려오는 뉴스가 믿기지 않았습니다. 백화점 건물이 무너졌다는 소식이었습니다. 너무 놀라 처음에는 테러나 지진으로 무너진 줄 알았지만, 무리한 설계 변경과 부실 시공 때문이었다는 것에 더욱 놀랐습니다. 그날 나는 대학원 입학시험을 치렀는데 시험 문제 중에는 건물의 붕괴에 대한 것노 있었습니다. 건물은 쉽게 무너지지 않으며, 붕괴 전 수많은 전조 증상을 보인다는 답안을 작성하고 왔는데, 바로 그날 백화점 건물이 무너져버린 것입니다. 1995년 6월 29일 502명이 사망하고 937명이 부상을 입은 삼풍백화점 붕괴는 정말 큰 사건이었습니다. 그런데 그렇게 큰 백화점 건물이 왜 갑자기 무너졌던 것일까요?

불도저 시장

급격한 근대화 과정을 거치던 1970~1990년대 우리나라에는 두 번의 큰 건축물 붕괴 사고가 있었습니다. 1995년의 삼풍백화점 붕괴와 1970년의 와우아파트 붕괴입니다. 이른 새벽에 아파트가 갑자기 무너져 주민 34명이 사망한 와우아파트 붕괴는 삼풍백화점 붕괴에 못지않게 큰 사건이었습니다. 왜 그런 일이 일어났는지를 알기 위해서는 당시의 시대 상황을 먼저 이해해야 합니다. 한국 전쟁을 겪고 난 뒤 1950~1960년대 서울은 대부분의 건물이 파괴되어 폐허로 남았습니다. 박정희 대통령은 서울을 근대적인 수도로 재건하고자 했습니다. 무너진 도시를 다시 세운다는 뜻의 재건再建은 당시 가장 중요한 목표였습니다. 여기저기에 재건 표어가 붙어 있었고, 옷도 '재건복'을 입고 다녔습니다. 이즈음 김현옥 서울시장이 부임하게 됩니다. 김현옥 시장이 가장 먼저 한 일은 세종로에 지하 도로를 개통한 일이었습니다. 세종로는 광화문 앞의 도로로 조선 시대에는 육조 관청이 있어 육조 거리라 불리던 곳입니다. 이렇게 유서 깊은 곳에 지하 차도를 건설하고, 남산에는 1호 터널과 2호 터널을 뚫어서 도로를 연결했습니다. 1960년대만 해도 이런 일은 엄청난 공사여서 다들 우려했지만 김현옥 시장은 박정희 대통령의 오른팔 역할을 자처하며 감행하여 '불도저 시장'이라는 별명까지 얻었습니다. 이는 서울 시내 곳곳에 지하 차도와 터널을 뚫은 것을 빗댄 말이기도 합니다. 그뿐만 아니라 지상에는 고가도로도 설치했습니다. 지금은 철거되었지만 청계천 고가도로, 삼일로의 삼일고가도로가 이 시기에 만들어졌습니다. 그리고 전차를 폐지하고 버스를 도입했으며, 사람들이 건너다니도록 육교를 설치했습니다. 지금은 횡단보도가 설치되어 있지만 예전에는 서울 시내에 육교가 정말 많았습니다.

횡단보도가 있으면 자동차가 달리다가 정차해야 하지만 육교를 설치하면 정차하지 않고 내처 달릴 수 있습니다. 육교는 사람이 아닌 자동차의 통행을 편하게 하기 위해 만드는 시설일 뿐입니다. 고가도로 역시 마찬가지입니다. 고가도로가 설치되면 자동차는 빨리 달

동부 서울 지구 토지구획정리 공사 착공식에 참석한 김현옥 서울 시장. 앞줄 왼쪽에서 첫 번째.
©서울사진아카이브

릴 수 있겠지만 고가도로 아래의 주거 환경은 어둠침침해집니다. 지금도 서울 시내에 몇몇 고가도로가 남아 있는데 그 아래를 걷다 보면 왠지 음산한 분위기를 느끼게 됩니다. 사람을 생각하지 않고 자동차의 속도만을 생각한 결과였지만, 당시로서는 어쩔 수 없는 상황이기도 했습니다. 김현옥 시장이 부임하던 1966년 서울 인구는 379만 명이었는데 1970년에는 553만 명으로 증가합니다. 4년 사이에 1.5배로 증가한 것입니다. 인구가 늘어나면 교통량도 증가하기 때문에 고가도로와 터널을 개설하고 정체 현상을 막기 위해 육교를 설치해야 했습니다. 또한 증가하는 인구와 함께 서울 도심도 팽창하자 강남 개발의 신호탄으로 여의도 개발이 시작됩니다.

지금의 여의도는 매우 번화한 곳이지만 예전에는 한강 변의 모래섬에 불과했고, 매년 장마철에는 물난리가 나곤 했습니다. 그래서 윤중제라는 큰 둑을 쌓아서 범람을 방지한 다음 뉴욕의 맨해튼 계획을 본떠 여의도를 개발하게 됩니다. 국회의사당, 한국방송공사KBS 등 정부 시설 외에 각종 금융기관과 고층 빌딩이 들어서면서 여의도는 새로운 상업·업무 지구로 발전하게 됩니다. 그리고 큰 광장도 조성했는데, 5·16 광장이라고 이름 붙인 이 광장에서 해마다 국군의 날이면 대대적인 군사 퍼레이드를 벌였습니다. 군사 퍼레이드의 목적은 대외적으로는 우리의 국방력을 보여주고 국민들에게는 애국심을 고취시키자는 것입니다. 한편으로는 군대의 힘이 얼마나 강한지를 보여줌으로써 혹시라도 있을지 모르는 반란을 사전에 예방하자는 뜻도 있습니다. 그 자신이 군사 쿠데타를 통해 정권을 장악했기 때문에 만일에 누군가가 쿠데타를 일으키면 어쩌나 하는 걱정도 있었을 것입니다. 군사 퍼레이드는 그런 반란을 미연에 막자는 목적도 있었습니다. 5·16 광장은 현재 여의도 공원으로 이름이 바뀌었습니다.

와우아파트 붕괴

지하 차도와 터널 공사, 고가도로 설치, 여의도 개발 등에 이어 김현옥 시장이 주력했던 또 하나의 사업은 시민 아파트 건설이었습니다. 1950~1960년대 서울에는 무허가 판자촌이 많았습니다. 국가 소유의 국공유지에 무허가로 지은 집들은 퇴거 명령을 내려야 하지만, 그렇다고 살던 사람들을 갑자기 내쫓을 수는 없는 노릇입니다. 그래서 무허가 판잣집을 철거하고 대신 시민 아파트를 짓자는 계획을 세웠습니다.

1968년 12월 김현옥 시장은 공농 아파트 건립 계획을 마련하고서, 9만 가구를 수용하기 위한 시민 아파트를 짓는다는 발표를 합니다. 장소는 종로구 청운동, 명륜동, 중구 필동, 회현동, 동대문구 낙산, 성북구 정릉 등이 선정되었습니다. 그리고 계획을 발표한 지 불과 7개월밖에 되지 않은 1969년 7월에 이미 320개 동이 완공될 만큼 아파트 건설은 놀라울 정도로 빠른 속도로 진행되었습니다. 요즘은 이런 말이 없어졌지만 1970~1980년대만 해도 건축 공사 현장에는 '공기 단축'이라는 표어가 붙어 있곤 했습니다. 공기工期란 공사 기간을 말하는데, 기간을 단축하여 빨리 짓자는 뜻입니다. 그러나 건물은 무작정 빨리 짓는다고 좋은 것이 결코 아닙니다. 한 생명이 태어나기 위해서는 어머니의 배 속에서 열 달 동안 천천히 성장해야 합니다. 아이를 빨리 태어나게 하고 싶다고 6개월이나 7개월 만에 출생시키는 일이 있어서는 안 되듯이, 건축물도 충분한 시간을 거쳐 완성해야 합니다. 급하다고 공기를 단축시키는 것은 매우 위험한 일입니다. 하지만 당장 살 집이 모자라다 보니 매사에 '빨리빨리'가 습관이 되어 있었습니다. 김현옥 시장은 시민 아파트 건설 현장을 방문할 때면 재건

와우아파트 붕괴 현장. ⓒ e영상 역사관

복을 입고 머리에는 '돌격'이라고 쓰인 헬멧을 쓴 채 현장 지도를 했다고 합니다. 군대에서나 어울릴 법한 일이었지만 당시에는 당연하게 받아들였고, '공기 단축'은 일을 열심히 했으니 칭찬받을 만한 일이었습니다.

마포구 창전동 와우산 아래 있던 와우아파트가 무너진 것은 그 과정에서 발생한 일이었습니다. 1970년 4월 8일 오전 6시 40분, 모두가 단잠에 들어 있던 새벽에 와우아파트가 갑자기 붕괴되었습니다.

5층짜리 건물이 무너지면서 주민 34명이 사망하고 40여 명이 다치는 큰 사고였습니다. 와우아파트는 1969년 5월에 착공되어 12월에 완공되었으니 7개월 만에 지어진 건물이었습니다. 이듬해인 1970년 3월에 벌써부터 벽이 금이 가기 시작했고, 임시방편으로 보수 공사를 했지만 결국 무너지고 말았습니다. 붕괴 원인을 살펴보니 기초 공사부터 부실했고 건물의 뼈대 역할을 하는 철근을 실제보다 적게 사용한 것으로 드러났습니다. 특히 공사 기일을 단축하기 위해 콘크리트 공사를 겨울에 감행한 것이 문제였습니다. 기초 공사 부실, 공기 단축, 부실 시공 등 총체적 부실이 복합된 일이었습니다. 시민 아파트 건설을 진두지휘했던 김현옥 시장은 책임을 느끼고 사퇴했고, 이 사고를 계기로 시민 아파트 건설은 중단되고 맙니다.

이것이 1970년대에 일어난 가장 큰 붕괴 사고였습니다. 무조건 빨리빨리 짓자는 생각에 부실 시공을 한 것이 가장 큰 원인이었습니다. 이후 다시는 이와 같은 붕괴 사고가 일어나지 않을 것이라고 생각했지만, 25년이 지나 또 한번 큰 붕괴 사고를 겪게 됩니다. 바로 1995년의 삼풍백화점 붕괴 사고였습니다.

삼풍백화점 붕괴

삼풍백화점은 1989년 12월에 서울시 서초동에 문을 연 백화점입니다. 그렇다면 이 백화점이 계획되고 지어진 것은 1980년대 중반일 것이므로 당시의 상황을 살펴보아야 합니다. 1960년대 여의도 개발을 시작으로 1970년대에는 본격적인 강남 개발이 시작되었습니다. 아파트가 들어서면 상업 시설도 필요하기 때문에 1980년대 초반에는 강남에 쇼핑 센터와 백화점이 지어집니다. 삼풍백화점은 본래 아파트 단지 내의 근린 상가로 허가를 받았습니다. 건축물을 지을 때는 아무 건물이나 마음대로 짓는 것이 아니라 구청의 허가를 받아야 합니다. 구청은 그 지역에 반드시 필요한 건물인지, 혹시 위험하거나 유해한 시설은 아닌지, 건축 규정을 잘 지켜 안전하게 짓는 건물인지 등을 꼼꼼하게 살펴 건축 허가를 내줍니다. 삼풍백화점은 처음에는 아파트 주민을 위한 근린 상가로 허가를 받았다가 나중에 백화점으로 용도 변경을 한 것입니다.

본래는 4층 규모의 근린 상가로 계획되었기 때문에 그에 맞는 기초 공사를 하고 기둥을 배치하는 구조 설계를 했습니다. 그런데 백화점으로 용도가 변경되면서 5층으로 증축을 하자 본래 4층 규모로 계획했던 기초 공사와 기둥 배치에 무리가 가게 되었습니다. 그러면 증축된 5층에는 어떤 시설이 있었을까요? 고급 한식당, 수영장, 사우나가 있었는데 이 시설들은 모두 엄청난 무게가 나갑니다. 식당에는 주방에 커다란 냉장고도 두어야 하고 싱크대와 그릇장을 놓아야 합니다. 또 당시의 한식당은 온돌방으로 만들어야 했는데, 온돌은 바닥에 온수 파이프를 깔아야 하므로 무게가 많이 나갑니다. 수영장과 사우나처럼 물을 사용하는 공간은 더욱 무게가 많이 나갑니다. 그래서 수영장은 대개 1층이나 지하에 짓습니다. 물론 옥상에 수영장이 있는 건물도 있지만 그런 경우에는 수영장의 무게를 견딜 수 있도록 처음부터 별도의 설계를 합니다. 그런데 4층 규모로 계획된 건물을 5층으로 증축해놓고 그 위에 한식당, 수영장, 사우나 등을 설치했으니 얼마나 무리가 가겠습니까. 1989년에 지어진 건물이 1995년에 붕괴되기까지 6년이라는 시간을 버틴 것도 기적이라고 말하는 사람이 있을 정도였습니다. 붕괴는 예견되어 있었는지도 모릅니다. 그러나 그때는 아무도 그것을 몰랐습니다. 1990년대 서울에서 가장 유명한 백화점을 꼽으라면 압구정동의 현대백화점, 갤러리아 백화점, 그리고 서초동의 삼풍백화점을 들 만큼 가장 화려했던 곳이었으니까요.

건물은 결코 어느 날 갑자기 무너지지 않습니다. 무너지기 전 수많은 전조 현상을 보이지만 그것을 무시해서 일어나는 인재일 뿐입니다. 삼풍백화점도 몇 개월 전부터 이상한 낌새들이 보이기 시작했습니다. 벽이 기울거나 금이 가기 시작했고, 멀쩡하던 출입문과 창문이 잘 닫히지 않는 일도 일어났습니다. 천장과 벽이 조금씩 기울면서 문틀과 창틀이 어그러졌던 것입니다. 이런 현상은 그해 6월에 들어서 더욱 심해졌습니다. 붕괴 하루 전인 6월 28일에는 5층 한식당 천장

10대와 통하는 건축으로 살펴본 한국 현대사

중간 부분이 푹 꺼져버린 삼풍백화점 붕괴 현장. 쌍둥이 빌딩처럼 마주 보고 있는 삼풍백화점의
잔해 건물은 붕괴 순간의 처참했던 상황을 말해 주고 있다. ⓒ연합뉴스

의 일부가 내려앉았으며, 바닥이 20센티미터 정도 함몰되어 4층 기둥의 철근이 올라오기도 했습니다. 무리하게 증축한 5층이 붕괴의 원인 중 하나인데, 이미 하루 전에 내려앉고 있었던 것입니다. 그때 사태의 심각성을 깨닫고 다음 날 29일 아침에 백화점 문을 닫았어도 500여 명이 사망하는 끔찍한 사고는 일어나지 않았을 것입니다. 하지만 29일 아침 평소와 다를 바 없는 하루가 시작되었습니다.

오전 10시 30분 개장 시간이 되고 손님들이 들어오기 시작했을 때 5층 식당가에서는 물이 새기 시작했고, 천장이 무너져 내리면서 식탁 위에 콘크리트 부스러기가 떨어지고 있었습니다. 그때라도 손님들을 대피시키고 백화점 문을 닫았어도 늦지 않았을 것입니다. 그 시각 백화점의 경영진은 회의를 열고 전면 폐쇄 대신 5층 식당가만 문을 닫고 영업을 계속하기로 결정했습니다. 그리고 오후 1시, 아무래도 이상하다는 생각에 백화점 관계자들은 건설사에 연락을 했습니다. 오후 3시, 건설사의 건축가들이 도착해서 현장을 둘러본 뒤 당장 건물을 폐쇄하고 손님들을 대피시키라고 했습니다. 하지만 경영진은 그 말을 듣지 않았습니다. 이미 문을 연 상태이고, 하루 매출액을 생각할 때 문을 닫을 수는 없다고 했습니다. 오후 5시가 되자 4층 천장도 무너지기 시작했습니다. 이에 경영진은 4층을 폐쇄하고 사람들을 대피시키는 대신 값비싼 상품을 저층으로 옮겼습니다. 그것이 마지막 기회였습니다. 오후 5시에 대피하라는 안내 방송만 했어도 인명 사고는 결코 일어나지 않았을 것입니다. 하지만 백화점 관계자들은 사람 대신 상품을 대피시켰습니다. 이윽고 오후 5시 40분 붕괴가 시작되었습니다. 경영진은 아무 말 없이 백화점을 빠져나갔고 안내 방송은 나오지 않았습니다. 5시 50분이 되자 여기저기서 우지끈 소리가 들리기 시작했고 5시 57분, 건물은 붕괴되었습니다.

이상의 상황을 살펴보면, 건물은 6월부터 이미 벽면에 금이 가기 시작했고 하루 전날인 6월 28일에 5층이 무너지기 시작했습니다. 사고 당일인 29일 아침에는 천장이 무너져 콘크리트 부스러기가 떨어졌고 오후 5시에 4층이 무너졌습니다. 그리고 57분이 지나서야 완전히 붕괴된 것입니다. 이 정도라면 안내 방송을 하여 백화점 안의 모든 사람을 충분히 대피시킬 수 있는 시간입니다. 건물은 소리 없이 한순간에 갑자기 무너지는 게 아닙니다. 어느 정도 시간을 두고 서서히 무너지면서 그동안에 많은 전조 증상을 보입니다. 삼풍백화점 역시 붕괴 며칠 전부터 조짐이 보였지만 그것을 무시했던 것이고 그 결과는 참혹했습니다. 502명이 사망하고 937명이 부상을 당하는 등 한국전쟁 이후 가장 많은 인명 피해를 낸 최악의 사고였습니다. 이렇게 많은 사람이 한꺼번에 사망한 일은 그 이전에도 이후에도 없었습니다. 더구나 지진이나 폭탄 테러와 같은 극단적인 일도 아니고 단순히 부실 시공으로 인해 건물이 무너진 예는 드물었습니다. 무리한 설계 변경과 부실 시공이 얼마나 큰 대가를 치러야 하는지 보여준 예입니다.

●■▲ 조선총독부 철거

일제 강점기 경복궁 앞에 세워졌던 조선총독부 건물은 해방 후에도 중앙청 건물로 사용되었습니다 1945년부터 1970년대까지 사용되었으니 대한민국 건국 초창기의 무대가 되었던 곳이기도 합니다. 1982년 정부 청사가 일부 과천으로 이전했을 때에는 잠시 중앙박물관으로 사용되기도 했습니다. 이때 조선총독부 건물을 그대로 존치해야 하느냐 철거해야 하느냐는 문제가 불거졌습니다.

경복궁 바로 앞에 세워져 민족의 정기를 끊는 건물이니 반드시 철거해야 한다는 의견이 있는가 하면, 부끄럽고 아픈 역사이기는 하나 그것도 보존해야 한다는 의견도 있었습니다. 조선총독부가 세워진 것은 1926년이니 일제 강점기에 실제 조선총독부로 사용된 기간은 20년 남짓이고, 그 후에 중앙청으로 사용된 기간이 40여 년으로 오히려 더 길기 때문에 초기 정부의 모습을 담고 있다는 점에서 존치해야 한다는 의견도 있었습니다. 1980년대 건축계와 문화계에서는 철거냐 존치냐의 문제로 뜨거웠고, 마침내 김영삼 대통령 시절이던 1993년에 철거하기로 결정이 납니다.

문화유산에는 불국사나 경복궁처럼 훌륭하고 자랑스러운 것도 있지만, 반면에 부끄럽고 아픈 역사를 기억하여 다시는 이런 일이 없도록 하자는 의미에서 보존하는 건축물도 있습니다. 이를테면 독일 나치 시대에 유태인을 수용했던 수용소와 가스실은 지금도 그대로 보존하고 있습니다. 우리나라도 일제 강점기에 독립 투사를 가두기 위해 일제가 지었던 서대문형무소는 지금도 그대로 보존되어 있어 독립운동의 역사를 말해줍니다. 이처럼 아픈 역사를 지닌 건물이라도 그것을 다시 활용하는 경우가 많습니다. 하지만 조선총독부 건물은 경복궁 바로 앞에 자리잡은 위치가 문제였습니다. 그래서 철거 대신 건물을 다른 장소로 옮겨 그대로 다시 짓자는 이축移築, 혹은 그 자리에 땅을 파서 지하에 매설하여 다시 짓자는 매축埋築 등의 의견도 제시되었습니다. 하지만 기술적으로도 어렵고 돈도 많이 듭니다. 경복궁 재정비 공사보다 조선총독부 보존 공사에 몇 배나 더 많은 돈이 들 지경이었습니다. 그래서 결국 철거 결정이 났고, 광복 50주년을 맞이하는 1995년 8월 15일에 맞추어 철거를 시작했습니다. 그때 나온 조선총독부 건물의 잔해는 현재 독립기념관 서쪽 마당에 전시되어 있습니다.

●■▲ 건물의 붕괴

건물이 무너지는 것을 붕괴라고 하는데, 정확한 건축 용어로는 형태가 변형된다는 의미에서 '파괴'라고 합니다. 그런데 이 파괴에는 연성延性 파괴와 취성脆性 파괴가 있습니다. 연성 파괴란 물체에 일정한 힘을 가했을 때 모양은 금세 변형되지만 쉽게 부러지는 않는 성질을 말합니다. 이를테면 고무줄은 늘리면 늘리는 대로 모양이 쉽게 변형되지만 부러지거나 끊어지지는 않습니다. 이것이 바로 연성 파괴입니다. 반대로 유리를 생각해봅시다. 유리는 주먹으로 두드리면 모양이 변하지 않지만 망치로 가격하면 단번에 부서지고 맙니다. 이처럼 작은 힘에는 형태가 변형되지 않지만 그 힘이 일정 강도를 넘어가면 갑자기 부서지는 것이 취성 파괴입니다. 건축 재료로 많이 쓰이는 철근은 약간의 힘을 가하면 곧 구부러지지만 탄력이 있어서 쉽게 끊어지지는 않습니다. 연성 파괴의 특성이 있기 때문입니다. 반대로 콘크리트는 돌덩이처럼 딱딱해서 휘거나 구부러지는 일은 없지만 큰 힘을 가하면 부러집니다. 취성 파괴의 특성을 지닙니다. 그래서 건물을 지을 때에는 콘크리트 속에 철근을 넣어서 골조를 구성하는 철근콘크리트 공법을 사용합니다.

철근콘크리트 공법으로 신축 건물의 바닥 공사를 하고 있는 모습. 철근 구조물에 액체 상태의 콘크리트를 붓고 있다.

이것은 초등학교 미술 시간에 찰흙으로 조형을 해보던 원리와 비슷합니다. 목이 긴 기린을 만들 때 먼저 철사로 뼈대를 만든 다음 그 위에 찰흙을 덧붙입니다. 그렇게 만들고 나면 나중에 찰흙이 굳은 뒤 조금의 충격이 가해지더라도 완전히 부서지지 않습니다. 하지만 철사 뼈대 없이 찰흙으로만 만들면 기린의 긴 목이 뚝 부러질 수도 있습니다. 콘크리트 속에 철근을 넣는 철근콘크리트의 원리도 이와 똑같습니다. 높은 건물이 지어졌을 때 지진이나 여러 가지 이유로 충격을 받을 수 있습니다. 그때 작은 힘에도 쉽게 변형되는 철근이 연성 파괴를 시작하지만 작은 힘에는 크게 흔들리지 않는 콘크리트가 붕괴를 막아줍니다. 대신 골조 속의 철근이 연성 파괴를 했기 때문에 콘크리트 벽면에 금이 가는 것으로 붕괴의 조짐을 보여줍니다. 삼풍백화점이 무너지기 전 나타났던 수많은 전조 증상이 바로 이것입니다. 이처럼 다른 속성을 가진 철근과 콘크리트는 서로 보완적인 관계이기 때문에 건물이 쉽게 무너지지 않는 것입니다.

철거민과
쇼핑운동

추위가 한창인 2009년 1월 20일 새벽 무렵, 서울시 용산구 한강로 2가에 있는 4층짜리 남일당 건물 옥상에 사람들이 모여 있었습니다. 분위기가 심상치 않았습니다. 그들은 건물 옥상에서 시위를 하며 철거반원들과 경찰에 저항하고 있었습니다. 경찰은 경찰특공대를 태운 컨테이너를 크레인으로 옥상으로 올려 보낸 뒤 시위대를 난폭하게 진압하기 시작했습니다. 경찰특공대를 태운 두 번째 컨테이너가 옥상에 도착할 무렵 갑자기 건물에 불이 났습니다. 불은 순식간에 번졌고 이 화재로 시위대 5명과 경찰특공대 1명이 사망했으며 23명이 부상을 입었습니다. 경찰의 과잉 진압이 불러일으킨 참사였습니다. 이것이 바로 '용산 참사'입니다. 그런데 왜 사람들은 옥상에서 시위를 벌였던 것일까요?

판자촌

용산 참사는 오래되어 낙후된 동네를 재개발하는 과정에서 일어난 일이었습니다. 재개발을 하려면 우선 낡은 건물을 철거해야 하는데 그때 많은 문제가 발생합니다. 이는 어제 오늘의 일이 아니라 1960년대부터 일어난 상당히 뿌리깊은 문제입니다.

예전에는 산동네에 무허가 판자촌이 많았습니다. 이는 보기에도 좋지 않았고 주거 환경도 나빴기 때문에 개선 작업이 이루어집니다.

1960년대 김현옥 서울시장은 '불량 건물 정리 계획'을 발표하여 무허가 판자촌을 철거하고 거기 살던 사람들을 다른 곳으로 이주시킨다는 계획을 세웠습니다. 이주 장소로 경기도 광주군 중부면 수진리에 200만 평 정도의 땅도 마련해두었습니다. 그리고 1969년 5월, 청계천 변과 인근의 왕십리, 용두동, 마장동에 살던 2만 1,300가구, 약 10만 명의 사람들을 광주군으로 이주시켰습니다. 그곳을 '광주 대단지'라고 불렀는데, 광주군에서 분리하여 새롭게 '성남시'로 만들 것이라는 계획도 있었습니다.

이것이 우리나라에서 처음으로 시도된 신도시였을 것입니다. 요즘 신도시라고 하면 새로 지은 아파트 단지가 있고 학교와 근린 상가가 마련되어 있으며 지하철과 광역버스가 있어 서울과 신도시를 연결하지만 당시에는 그렇지 않았습니다. 우선 급한 대로 땅만 마련해놓고 군용 트럭으로 사람들을 실어 날랐는데, 도착한 곳에는 허허벌판 외에 아무것도 없었습니다. 급히 지은 집들만 있었을 뿐 전기와 상하수도 시설이 되어 있지 않았고 집에는 화장실도 없어서 공동 화장실을 이용해야 했습니다. 수세식이 아닌 재래식 화장실이었는데 오물이 넘쳐나서 악취를 풍겼습니다.

가장 불편한 것은 교통이었습니다. 그들은 청계천, 왕십리, 마장동, 용두동 등지에 살면서 주로 종로에서 장사를 하던 사람들이었습니다. 일을 하려면 종로까지 가야 했는데 당시 광주군에서 서울로 곧바로 연결되는 교통편이 없었습니다. 교통이 불편해서 아무 일도 할 수 없게 되자 당장 먹고살 길이 막막해졌습니다. 이대로는 도저히 살 수가 없겠다 싶어서 사람들은 1971년 8월 10일 트럭을 타고 서울로 진입을 시도했습니다. '배가 고파 못 살겠다', '일자리를 달라', '영세민을 더 이상 착취하지 말라' 등의 문구가 쓰인 플래카드도 준비했습니다. 광주대단지에 마련된 성남 출장소에 가서 서울시장 면담을 요청했지만 시장은 나오지 않은 채 소방차와 경찰차만이 출동했습니다. 그러자 화가 난 사람들은 성남 출장소와 파출소를 습격했고 소방차와 경찰차에도 불을 질렀습니다. 이에 깜짝 놀란 양택식 서울시장은 구호 양곡을 나누어주고 생활 보호 자금을 지급하며 도로를 포장하고 공장을 짓기로 하는 등 주민들의 요구를 들어주겠다고 약속했습니다. 이것이 '광주대단지 사건'입니다. 도로, 상하수도, 일자리 등 도시 기반 시설이 전혀 마련되지 않은 곳으로 무조건 이주시킨 것에 대한 반대 시위라 할 수 있습니다. 그 후 광주대단지는 도심 기반 시설을 차츰 마련하면서 성남시로 발전하게 됩니다. 그리고 이를 계기로 신도시를 개발할 때 기반 시설에 매우 주의를 기울이게 됩니다. 광주대단지 사건이 아무 계획 없이 사람들을 무조건 이주시킨 것이었다면, 살던 집을 무허가라는 이유로 강제 철거하면서 문제가 발생한 적도 있었습니다. 특히 1980년대가 되면 올림픽을 앞두고 이런 일이 더욱 본격적으로 발생합니다.

사당동·상계동 철거

올림픽을 준비하면서 서울은 시내 교통이 정비되고 곳곳에 깨끗한 공중 화장실이 마련되는 등 한결 좋아졌지만 반면에 어두운 그림자도 생겼습니다. 도시 미관을 해친다는 이유로 산동네 판자촌을 철거하기 시작한 것입니다. 사당동 판자촌도 그중 하나였습니다.

사당동은 1960년대 말 김현옥 서울시장이 용산구에 살던 사람들을 이주시키면서 형성된 동네입니다. 광주대단지와는 달리 사당동은 시내가 가까워서 그런대로 살 만했습니다. 10여 년이 지나자 인구가 10배로 불어났습니다. 사람들은 야트막한 산등성이에 집을 짓고 살았는데 이것이 올림픽을 앞두고 도시 미관을 해친다는 이유로 철거 결정이 난 것입니다. 올림픽이 열리면 외국 손님도 많이 올 것인데, 아직도 이런 집이 있으면 가난한 나라라는 인상을 줄 수 있다는 이유에서였습니다. 1981년 사당동 산 22번지 일대에 1,600여 명의 철거반원이 들이닥쳐 500여 채의 집을 철거하는 과정에서 19명의 부상자가 발생했습니다. 남 보기에 부끄러운 것은 일단 치우고 보자는 생각에서 일어난 일이었습니다.

1986~1987년 상계동에서 철거 작업을 할 때는 처음으로 세입자 문제가 불거졌습니다. 낡은 집이 모여 있는 불량 주거지를 개선하고자 할 때 우리나라는 주로 '전면 철거 재개발'이라는 방법을 사용했습니다. 낡은 집들을 완전히 철거하고 그 자리에 새 아파트를 짓는다

는 계획이었습니다. 그런데 동네가 재개발 지구로 확정되면 그곳에 살던 사람들은 둘 중의 하나를 선택하게 됩니다. 첫째는 아파트를 짓는 데 필요한 돈, 즉 분담금을 내고 새로 지은 아파트를 분양 받는 방법입니다. 가장 좋은 방법이겠지만 한꺼번에 많은 돈을 내야 하기 때문에 부담스럽습니다. 둘째는 분담금을 내는 대신 이주보상비를 받고 다른 곳으로 이사를 가는 방법입니다. 그런데 분담금을 내고 새 아파트에 들어가 살게 되는 경우는 전체 주민의 30% 정도밖에 되지 않습니다. 나머지 사람들은 이주보상비를 받고 그 동네를 떠나게 됩니다. 하지만 그다지 많은 돈을 받는 것이 아니어서, 원래 살던 동네보다 더 못한 변두리로 이사를 가는 경우가 많습니다. 그런데 새 아파트를 분양 받든 이주보상비를 받든, 두 가지 방법은 집주인을 대상으로 하는 일입니다. 월세나 전세로 살고 있는 세입자에게는 어떤 보상이나 대책도 마련되어 있지 않았습니다.

어느 동네에 낡은 집 한 채가 있었습니다. 그 집의 주인은 철수였고, 철수는 그 집을 영희에게 세를 주고 있었습니다. 그런데 동네가 재개발 지역으로 지정되었습니다. 집주인인 철수에게는 분담금을 내고 새 아파트를 분양 받을지, 이주보상비를 받고 다른 동네로 이사를 갈지 선택권이 주어졌습니다. 철수는 이주보상비를 받고 이사를 가기로 했습니다. 하지만 그 집에 세 들어 살던 영희에게는 아무런 대책도 마련되지 않았습니다. 어디로 가야 할지 영희는 정말 막막했습니다. 올림픽을 앞두고 상계동을 재개발 지역으로 지정하여 철거

할 때 바로 이 문제가 불거졌습니다.

1980년대까지만 해도 상계동은 낡은 주택이 몰려 있던 동네였습니다. 이곳 역시 1960년대 종로 3가와 청계천 변에 살던 사람들을 이주시켜서 형성된 동네였습니다. 1985년 재개발 사업 지구로 지정되자 520여 세대의 세입자들은 대책위원회를 구성하고 세입자들을 위한 대책도 세워달라고 요구했습니다. 하지만 아무도 이들의 목소리에 귀를 기울이지 않았습니다.

마침내 1987년 4월 14일 강제 철거가 진행되자 세입자들은 명동성당으로 자리를 옮겨 시위를 계속했습니다. 그런데 5월 4일 철거민의 자녀인 아홉 살 오동근 군이 사망하는 사건이 일어났습니다. 상계동에서 태어나고 자란 동근이에게 동네 골목길은 놀이터였습니다. 하지만 어른들을 따라 명동성당으로 오게 되자 마땅히 놀 곳이 없었습니다. 동근이는 친구들과 함께 예전에 살던 상계동 골목길을 찾아가 뛰어놀았습니다. 그러다 철거가 진행되던 어느 집 담벼락이 무너지면서 들부디기에 깔려 숨지고 말았습니다. 아이가 죽자 경찰은 이 일이 더 커질까 봐 서둘러 화장을 시켜버렸습니다. 이 일은 사회에 큰 파장을 일으켰고, 이후 세입자를 위한 임대주택을 짓게 되는 계기가 됩니다. 임대주택은 전세나 월세와 다르게 국가나 지자체에서 임대하는 주택입니다.

예를 들어 생각해봅시다. 지방에 있는 학생이 서울의 대학에 입학하게 되면 앞으로 살 방을 구해야 합니다. 학교 앞에 원룸이나 하숙

상계동 판자촌 철거 현장에서 주민들이 경찰과 대치하고 있다. ⓒ연합뉴스

방이 있긴 하지만 방값이 비싼 편이고 해마다 방값이 오를지도 모릅니다. 그러나 학교 기숙사는 대규모로 지어져서 시설도 좋을 뿐만 아니라 방값도 저렴하고, 졸업할 때까지는 계속 기숙사에 살게 될 것이므로 아무 걱정이 없습니다. 즉, 원룸이나 하숙방 같은 개인업자가 운영하는 집보다 학교 기숙사가 훨씬 좋습니다. 이것을 국가 단위로 확대하여 생각해보면 집주인에게 돈을 내는 월세나 전세보다는 정부나 지자체에서 운영하는 임대주택이 훨씬 더 안정적입니다. 집값이 비싼 상황에서 정부는 서민들을 위한 임대주택을 많이 지어야 합니다.

우리나라에 임대 아파트가 지어지기 시작한 것은 노태우 대통령 시절이었고, 그 계기가 된 사건이 상계동 철거민 사태였습니다. 그전까지는 재개발 지역으로 정해져 전면 철거가 시작될 때 세입자를 위한 대책이 아무것도 없었지만, 상계동 사태를 계기로 세입자에게 임대 아파트 거주권이 주어지게 된 것입니다. 국가가 할 일이란 모든 국민이 골고루 잘살게 해주는 것입니다. 그중에는 임대 아파트 사업도 포함되어 있습니다. 그래서 정부나 지자체는 임대주택을 더 많이 짓고 있으며, 임대 아파트도 구입할 수 있게 해주고 있습니다. 이처럼 주택 세입자에게는 임대 아파트를 제공하고 상가 세입자에게는 휴업보상비와 주거이전비를 제공하고 있는데, 그 과정에서 문제가 일어난 것이 용산 참사였습니다.

용산 참사

서울시 용산구 한강로의 용산 4구역은 노후한 건물과 상가가 많아서 2006년 재개발을 실시하기로 결정되었습니다. 용산 센트럴파크 해링턴 스퀘어라는 고층 주상복합 아파트 4개 동과 오피스 빌딩을 짓고 그 옆에 각종 공공시설과 공원을 마련한다는 계획이었습니다. 예산만 총 30조에 이르는 대규모 사업이었습니다. 그러자면 그 지역의 모든 건물을 헐어내야 했으므로 집주인과 세입자에게는 보상비가 주어졌습니다. 문제는 주택에 사는 사람이 아니라 가게를 빌려 장사를 하는 사람들이었습니다. 한곳에서 오랫동안 장사를 하다 보면 단골도 생기고 입소문도 나서 점점 손님이 많아집니다. 그런데 갑자기 다른 곳으로 옮기면 단골손님이 끊기기 마련입니다. 물론 새로운 장소에서 다시 열심히 장사를 하면 되겠지만 그러자면 많은 시간이 필요합니다. 명성과 단골손님은 하루아침에 생겨나는 것이 아니기 때문이지요. 또한 가게를 새로 차리자면 인테리어를 다시 하느라 시간이 걸리기도 하고, 가게만 옮기는 것이 아니라 집도 옮겨야 하니 이에 대한 대책도 있어야 합니다. 그래서 임대 상인들에게는 휴업보상비 3개월분, 주거이전비로 4개월분을 보상해줍니다. 그런데 일부 세입자들이 이 정도 비용으로는 부족하다고 했습니다. 당시 전체 세입자 890명 중 대부분은 보상비를 받고 다른 곳으로 떠났지만 100명 정도는 보상비가 부족하다면서 떠나지 않고 있던 상황이었습

서울 용산 4구역 철거민대책위원회 회원들이 농성 중인 건물 옥상에서 경찰의 강제 진압이 진행되는
가운데 옥상에 설치한 망루에 불이 나 쓰러지고 있다. ©연합뉴스

니다. 하지만 2008년 11월부터 강제 철거가 시작되었습니다. 장사를 하던 가게가 철거되기 시작하자 아직 떠나지 못한 세입자들은 비어 있던 건물의 4층 옥상으로 올라가 시위를 벌였습니다. 이후 시위를 진압하는 과정에서 시위대 5명과 경찰특공대 1명이 사망하고 23명의 부상자가 발생하게 됩니다. 이것이 '용산 참사'입니다. 재개발 사업의 폭력성으로 벌어진 비극이었습니다.

이 모든 것은 우리나라의 재개발 방식이 주로 '전면 철거 재개발'에 초점이 맞추어져 있기 때문입니다. 이는 단기간에 동네의 모습을 바꾸려 하기 때문에 그에 따른 부작용이 많습니다. 어린 시절에 살던 동네에 가보면 예전의 골목길이 없어지고 대신 그 자리에 높은 아파트 단지가 들어선 곳을 볼 수 있습니다. 어린 시절의 추억이 없어져버린 것이 아쉽습니다. 이러다가는 정말 모든 것이 다 사라지고 아파트 숲만 남을지도 모르겠습니다. 그래서 요즘에는 전면 철거 재개발 대신 도심 재생 사업 혹은 마을 만들기 사업을 실시하기도 합니다. 원래 있던 집들을 허물지 않은 채 동네를 좋게 만드는 방식입니다. 구체적으로는 낡은 집을 수리하는 자금을 지원한다든지, 골목길을 정비하고 생활환경을 개선하면서 그 동네만의 특색을 살려 살기 좋은 동네로 다시 만드는 방식입니다.

상계동 사태와 용산 참사는 집이 없는 세입자들이 살던 집과 가게가 헐리게 되었을 때 그것을 지키기 위해 한 일이었습니다. 그런데 세상에는 집이 없어서 문제가 되기도 하지만, 한편으로는 빈집이 오랫동안 방치되어 있어서 문제가 되기도 합니다. 그렇다면 이 빈집을 집 없는 사람들이 사용할 수 있게 하면 되지 않을까요?

스쾃: 점유운동

집이 없어 도저히 갈 데가 없는 사람들이 국가나 지자체 소유의 비어 있는 공공건물에 들어가 임시로 살아가는 것을 '스쾃squat'이라고 합니다. 스쾃은 '웅크리다, 숨다' 등의 어원을 가진 말로 남의 땅이나 미개간지, 국공유지 등을 무단으로 점거하여 정착하는 것을 말합니다. 본래는 불법이지만 도저히 갈 데가 없는 가난한 경우라면 빈 땅이나 빈집을 점거해 살아갈 수밖에 없습니다. 유럽에서는 제2차 세계대전이 끝난 직후 집이 부족한 상황에서 이런 일이 일어나곤 했는데, 우리나라에서도 가끔 이런 일이 일어납니다

요즘 거리에서 노숙을 하는 사람들이 있습니다. 갑자기 실직을 하거나 여러 가지 이유로 거리에서 살아가는 사람들입니다. 이들이 서로 힘을 합쳐 살아나가자고 해서 만든 노숙인 생산 공동체 '더불어 사는 집'이라는 단체가 있었습니다. 이 단체의 사람들이 2004년 7월 청계천 변에 있는 삼일아파트의 일부를 점거했습니다. 삼일아파트는 박정희 대통령 시절 청계천 판자촌에 살던 사람들에게 불하한 아파트였는데 2000년대 초반 청계천이 복원되면서 그곳에 살던 사람

들이 떠나자 한동안 빈집으로 남아 있었습니다. 빈집에 들어간 10여 명의 노숙인은 깨진 유리창을 수리하고 청소를 하고 쓰레기를 치우고 집도 조금 고쳤습니다. 이들 중에는 건축 현장에서 일하던 목수, 배관공, 타일공 들이 있었기 때문에 집을 고치는 것쯤은 문제가 아니었습니다. 정부 소유의 빈집에 집 없는 사람들이 살게 되자 정부에서도 조금 난감해졌습니다. 무작정 내쫓을 수도 없는 노릇이어서 우선 2005년 8월까지 이들을 살게 해주었습니다. 그리고 그 집을 임대 아파트로 만들어 서민들에게 임대해주기 시작했습니다. 불법 행위로 보일 수 있는 스캇은 바로 이런 점에서 의의가 있습니다.

정부나 지자체 소속의 건물에 스캇이 발생하면 우선 퇴거 명령을 내려야 하는데, 이때 명분이 필요합니다. '너희는 주인이 아니니 당장 나가라'가 아니라, '언제부터 무슨 용도의 건물로 사용할 예정이니 그 전까지 퇴거해야 한다'라는 계획이 필요합니다. 정부 소유의 건물이므로 공익적 목적으로 사용될 것이기 때문에 스캇은 사용하지 않던 빈 건물을 곧 사용하게 만드는 좋은 역할을 합니다. 물론 스캇은 아무 곳이나 함부로 해서는 안 되고 정부 소유의 건물이거나 국공유지같이 공공성을 지닌 사회적 공간을 대상으로 합니다. 오랜 기간 아무런 활용 없이 비어 있는 건물에 한해 사회단체가 조직적으로 행하는 운동입니다. 그렇기 때문에 사회에 경종을 울리고 주의를 환기하는 역할도 합니다. 요즘은 예술가 집단이 도심 건물에 대한 스캇을 하기도 합니다.

2010년 한 무리의 예술가들이 서울시 소유의 마포 석유 비축 기지에서 스쾃을 했습니다. 이들은 홍대 주변에서 예술 활동을 하며 살아가고 있었습니다. 그런데 2000년대부터 홍대와 연남동 주변에 젠트리피케이션 바람이 불면서 임대료가 오르자 갈 곳이 없게 되었습니다. 어디로 갈까 고민하던 이들은 오랜 기간 비어 있던 석유 비축 기지로 눈길을 돌렸습니다. 마포구 상암동에 있는 석유 비축 기지는 1970년대 극심한 석유 파동을 겪으면서 석유를 비축해놓기 위한 기지로 건설된 곳입니다. 약 14만 제곱미터의 넓은 땅이 30여 년 동안 석유 비축 기지로 사용되었습니다. 그런데 2002년 월드컵을 앞두고 상암동에 대형 축구장을 짓게 되자 안전상의 이유로 더는 사용하지 않고 거대한 빈 공간으로 남게 되었습니다. 이 땅에 홍대와 연남동에서 활동하던 예술가 집단이 들어와 컨테이너를 설치하고 작업장과 사무실로 사용했습니다. 처음에는 무단 점거였지만 2012년부터는 서울시와 협의하여 임대료를 지급하면서 합법적으로 사용하기 시작했고, 2017년 10월에는 문화 비축 기지로 거듭나게 됩니다. 각종 문화 전시가 일어나는 시민 공원이 된 것입니다. 석유 비축 기지가 문화 비축 기지로 거듭나기까지에는 예술가들의 스쾃이 있었습니다. 도심에 사용하지 않는 빈 공간이 있음을 확인하고 그곳을 무단 점거하여 사용함으로써 주의를 환기시켰습니다. 이에 퇴거의 명분으로 문화 비축 기지로 사용할 것이라는 계획을 세웠고, 그것이 실제로 시행되었습니다. 무단 점거 행위는 명백히 불법이었지만, 사용하지 않

마포구 상암동의 문화 비축 기지. 본래는 석유를 비축하는 시설이었지만 한동안 사용되지 않다가 문화 비축 기지로 거듭났다. 그렇게 되기까지에는 예술가들의 스콰이 있었다. 석유 저장 창고는 전시실로 개조되었다.

고 버려진 공간이 있다면 공간 사용이 절실한 사람들에게 돌아가야 하며 최종적으로는 다시 시민의 손으로 돌아가게 해야 한다는 점에서 의미 있는 저항운동이었습니다.

건축은 돈이 많이 드는 작업이기 때문에 권력자나 부자의 시녀 노릇을 하는 경우가 많고, 그러다 보니 가난한 사람은 항상 소외되곤 합니다. 그런 점에서 상계동 사태와 용산 참사, 무단 점거와 스쾃은 의미 있는 저항운동이라 할 수 있습니다. 상계동 사태가 있었기 때문에 세입자를 위한 임대 아파트 사업이 시행되었고 이후 임대 아파트 활성화에 한몫을 합니다. 도시 미관을 해친다는 이유로 쫓겨난 사람들이 도심의 빈 건물에 입주하여 살아감으로써 이후 도심에 빈 건물이 있으면 정부나 지자체에서 그것을 임대주택으로 사용해야 한다는 계기를 만들게 되었습니다. 오랜 기간 방치되었던 석유 비축 기지 역시 예술가들의 스쾃 활동이 있었기 때문에 문화 비축 기지로 용도가 바꾸어 시민들의 품으로 다시 돌아올 수 있었습니다. 불법 점거로 보일 수도 있지만 힘없고 가난한 사람들의 저항운동이었다는 점에서 큰 의미가 있습니다.

●■▲ 토레다비드 스콴

   21세기에 일어난 가장 유명한 스콴은 베네수엘라에서 있었던 토레다비드 빌딩의 스콴입니다. 2007년 9월 17일, 베네수엘라의 수도 카라카스의 한 건물 앞에 사람들이 모여들었습니다. 억수 같은 비가 내리던 그날 밤, 45층짜리 건물은 모든 불이 꺼진 채 말없이 서 있었습니다. 당직을 서던 경비원은 사람들을 보는 순간 문을 열어주고 말았습니다. 사람들은 신속하게 1층 로비에 텐트를 치기 시작했고, 공동 주방도 만들었습니다. 2009년이 되자 200여 가정이 살게 되었고 2013년 무렵에는 750여 가정, 약 3,000명의 사람들이 살게 되었습니다. 빈 건물을 무단 점거하여 살아가는 것, 스콴이 일어난 것입니다.

   토레다비드 빌딩은 원래 임자가 있는 건물이었습니다. 1950~1960년대 석유 시추로 부유해지면서 급성장한 베네수엘라는 1990년 카라카스의 중심부에 45층짜리 오피스 건물을 착공하게 됩니다. 그런데 완공을 1년 앞둔 1993년에 개발업자가 돌연 사망하고 이듬해 1994년에는 베네수엘라가 금융 위기를 겪게 되자 건물은 90% 정도만 완공된 채 그대로 버려지고 말았습니다. 그리고 20여 년의 세월이 흐른 뒤 갈 곳이 없어진 사람들이 찾아온 것입니다.

   이 건물의 이름 토레다비드 Torre David는 영어로 하면 데이비드 타워 David Tower가 됩니다. 데이비드 혹은 다윗은 성경에 나오는 '다윗과 골리앗'의 그 다윗과 같은 이름입니다. 어린 소년 다윗은 거인 골리앗을 상대로 싸움을 시작합니다. 모두들 다윗이 질 것이라고 생각했지만 슬기로운 다윗은 돌팔매질로 거인을 쓰러뜨립니다. 이후로 '다윗과 골리앗'은 힘없는 약자가 강자를 상대로 용기 있는 저항을 할 때 쓰는 말이 되었습니다. 힘없는 약자이던 빈민이 골리앗처럼 높은 건물에 스쾃을 했던 일은 그래서 더욱 의의가 있습니다.

10

도시화

2018년 5월 서울 시청 앞 광장에서 시위가 벌어지고 있었습니다. 서울시에서 ○○구 △△동에 20~30대 청년들을 위한 임대주택을 짓기로 했는데, 그 청년임대주택을 짓지 말라는 시위였습니다. '△△동 임대주택반대비상대책위원회'라고 쓰인 깃발을 내건 시위대의 기세는 자못 등등했습니다. 그런데 바로 그 옆에서는 청년임대주택을 지어달라는 청년들의 시위도 함께 벌어지고 있었습니다. 청년정당 우리미래, 청년주거단체 민달팽이유니온 소속의 사람들이 모여 '청년들도 집에 살고 싶다'는 플래카드를 내걸고 맞불 시위를 했습니다. 그런데 임대주택을 짓지 말라고 시위를 하는 사람들 중에는 60~70대의 어르신들이 많았습니다. 어쩌면 어르신들에게도 20~30대의 아들딸이 있을 것이어서 청년임대주택을 지으면 그 아들딸이 혜택을 보게 됩니다. 그런데 왜 어르신들은 청년임대주택을 짓지 말라고 시위를 벌였던 것일까요? 그리고 요즘 왜 청년들을 위한 임대주택이 필요하게 된 것일까요?

변화하는 가족

4인 가족 생활비, 4인 가족 주택 규모 등의 말을 많이 합니다. 지금까지 우리나라에서 생활비나 주택 크기를 결정하는 데 기준이 되는 것은 4인 가족이었습니다. 그렇다면 4인 가족은 어디에서 나온 것일까요? '딸·아들 구별 말고 둘만 낳아 잘 기르자'라는 말을 들어본 적이 있을 것입니다. 가족계획이 실시되던 1970~1980년대의 표어입니다. 1950~1960년대까지 우리나라는 농경 사회의 전통이 남아 있어서 자녀를 많이 낳았습니다. 한 집에 자녀가 네다섯씩 되는 경우가 대부분이었습니다. 그런데 물자가 부족한 상황에서 아이들이 늘어나자 정부에서는 2명만 낳아 잘 키우자라는 뜻에서 '딸·아들 구별 말고 둘만 낳아 잘 기르자'라는 표어를 내걸고 가족계획을 실시했습니다. 이렇게 되자 부모와 2명의 자녀로 이루어진 4인 가족이 대표적인 가족이 되었고, 이들이 살기에 적당한 33평 형의 아파트를 국민주택이라 하여 많이 지었습니다. 부모가 안방을 쓰고 2명의 자녀에게 독방을 주기 위해 방이 3개이고 거실과 주방 겸 식당이 있는 아파트입니다. 물론 이보다 조금 작은 24평 아파트도 있고 40~50평의 큰 아파트도 있지만 방의 개수가 3개 혹은 4개인 것은 4인 가족을 기준으로 하기 때문입니다. 실제로 1980~1990년대에는 4인 가족이 가장 많은 비율을 차지했는데, 2000년대에 들어 이러한 가족관계가 변화하게 됩니다.

자녀를 한 명만 낳거나, 자녀를 모두 결혼시키고 노인 부부만 사는 집이 늘었습니다. 이혼이나 사별 등으로 혼자 사는 사람도 늘었고, 결혼이 늦어 혼자 살거나 아예 혼자 살기로 한 사람도 많습니다. 혼자 살거나 2명이 사는 집이 증가하면서 4인 가족이 차지하는 비율도 줄어들었습니다. 현재 1인 가구 혹은 2인 가구가 차지하는 비율이 절

'딸 아들 구별 말고 둘만 낳아 잘 기르자'라는 산아 제한 포스터. ⓒ국립민속박물관

반을 넘어섰고 4인 가족은 4분의 1 정도밖에 되지 않습니다. 이렇게 되자 노인, 청년 등이 1인 가구주가 되어 혼자 사는 비율도 높아졌습 니다. 이들은 사회적 약자이기 때문에 많은 사회 서비스를 필요로 하 며, 서비스를 쉽게 이용할 수 있는 도심에 살기를 원합니다. 그렇다 면 사회 서비스란 무엇일까요?

대학에 다니기 위해 학교 앞에서 혼자 사는 20대 청년이 있다고 합시다. 우선 밥을 해 먹기가 번거롭습니다. 집에서는 엄마가 다 알아서 해주었는데 혼자서 차려 먹자니 이것저것 불편한 점이 많습니다. 도시락이나 반찬을 만들어 파는 가게가 있으면 좋겠고, 가끔 이불 빨래를 해야 하니 빨래방도 하나 있으면 좋겠습니다. 젖먹이 아기를 키우는 맞벌이 부부라면 부부가 직장에 다니는 동안 아이를 맡길 곳이 필요합니다. 예전의 대가족이라면 부모님이 맡아주시고 고모나 삼촌이 아이와 놀아주겠지만 이제는 핵가족이기 때문에 아이를 안심하고 맡길 어린이집이나 놀이방이 필요합니다. 혹은 자녀를 모두 결혼시키고 노인 혼자만 사는 집이라면 갑자기 몸이 아프거나 무슨 일이 생겼을 때 병원으로 모시고 갈 사람이 있어야 합니다. 반찬 가게, 빨래방, 어린이집, 놀이방, 노인 돌보미 등 예전의 대가족 사회에서는 집에서 해결하던 일을 이제는 누군가가 대신 해주어야 하는데, 이러한 것을 사회 서비스라고 합니다. 혼자 사는 사람일수록 사회 서비스가 필요하고, 이것을 해결하려면 밀집된 도시에 사는 것이 편합니다.

'역세권'이라는 말이 있습니다. 집 근처 가까운 곳에 지하철역이 있으면 교통이 편리할 뿐 아니라 늦은 밤에 혼자 귀가할 때에도 별로 무섭지 않습니다. 또 역 주변에는 상점도 많기 때문에 물건을 사기도 편하고, 사람의 왕래가 많다 보니 사회 서비스도 밀집되어 있습니다. 그래서 역세권이 인기 지역입니다. 20~30년 전만 해도 지하철역이 너무 가까우면 혼잡하고 시끄러워서 살기에 불편하다고 생각했지만 혼자 사는 사람이 많아지면서 역 주변이 더 인기가 많아진 것입니다. 그리고 우리나라는 4인 가족 위주의 33평 형의 아파트를 많이 지었는데 1~2인 가구는 이렇게 넓은 집이 필요하지 않습니다. 절반 크기의 넓이에 값이 싼 집이 있었으면 좋겠습니다. 그래서 요즘 도심의 역세권을 중심으로 청년임대주택 등이 지어지고 있습니다. 그렇다면 임대주택이란 무엇일까요?

아파트, 분양 위주에서 임대주택으로

우리나라는 아파트가 정말 많습니다. 대도시는 물론이고 지방 소도시를 가보아도 맨 아파트뿐입니다. 아파트는 이제 명실상부한 대중 주택이 되었습니다. 아파트는 개인에게 분양되며, 개인 소유와 매매가 가능한 사유 재산입니다. 그런데 아파트가 이렇게 많이 지어지고 대부분 분양되어 개인 소유가 되는 것은 우리나라만의 특이한 현상입니다. 아파트가 생긴 곳은 유럽인데, 유럽에서는 우리나라처럼 아파트를 많이 짓지도 않을 뿐만 아니라 개인 소유가 아닌 임대주택인 경우가 많습니다. 아파트는 본래 노동자들에게 집을 제공하기 위해 만들어진 것이기 때문입니다.

18세기 영국에서 산업혁명이 일어나 공장이 많이 생기자 사람들은 일자리를 찾아서 공장 주변으로 몰려들었습니다. 공장이 하나 생기면 그 주변에 많은 사람이 몰려듭니다. 공장 하나에 200명의 노동자를 고용한다고 할 때, 딸린 식구까지 포함하면 적어도 1,000명의 사람이 살게 됩니다. 그러한 공장이 다섯 개만 있어도 5,000명이 몰려 살게 됩니다. 그러자 도심은 극심한 주택난을 겪었습니다. 당장 집을 마련할 수가 없어 방 하나를 빌려 셋방살이를 했는데 단칸방에 한 가족이 사는 경우도 많았습니다. 햇볕이 들지 않아 어둡고 습기찬 방에 화장실이나 상하수도 시설이 마련되지 않아 비위생적인 생활환경 탓에 콜레라 같은 질병도 많이 발생했습니다.

산업혁명 당시 영국은 나라 곳곳에 공장이 밀집한 신흥 공업 도시가 많이 생겨났습니다. 공업 도시의 생활환경은 매우 열악했고 각종 질병에 걸려 일찍 사망하는 경우가 많았습니다. 이렇게 되자 공장 노동자들에게 좋은 주거 환경을 제공할 필요성이 생겼습니다. 당시의 사회학자들은 노동자들을 위한 거대한 공동 주거를 생각해냈습니다. 단순히 집만 있는 것이 아니라 노동자들이 출근할 때 아이를 맡길 수 있는 탁아소와 유치원, 자녀들이 공부하는 초등학교, 퇴근 후함께 식사를 하는 공동 식당, 저녁에 영화를 보거나 취미 생활을 할수 있는 문화 시설 등이 함께 마련되어 있었습니다. 처음의 아파트는 공장 기숙사와 비슷한 개념으로 지어졌고, 저렴한 가격의 관리비만받고 거의 무상으로 제공되었습니다. 그러다가 점차 개인 소유로 전환하게 됩니다.

여기에는 아파트를 통해 노동자들을 길들이려는 의도가 숨어 있었습니다. 무상으로 제공되는 아파트는 자기 소유가 아니기 때문에 큰 애착을 느끼지 못합니다. 하지만 매매를 통해 자기 소유의 집이 되면 그 집에 대한 애착이 생기면서 이후 집을 좀 더 넓혀가려는 욕심도 생깁니다. 당시 유럽에서도 아파트는 값이 비싸서 노동자가 쉽게 살 만한 가격이 아니었습니다. 그래서 10년 혹은 20년의 장기 융자 제도를 도입했습니다. 융자금은 매달 받은 월급에서 조금씩 갚아나가야 합니다. 그렇게 되면 시위나 파업 같은 과격한 행동을 할 수 없고 공장을 갑자기 그만둘 수도 없게 됩니다. 월급을 받지 못하면 융자금을 갚을 수 없게 되고 그러면 살던 집에서 쫓겨나기 때문입니다. 공장에서 부당한 대우를 받아도 참고 다니면서 융자금을 갚아나가야 합니다. 그러니 사회나 정치 문제에 관심을 가지기보다는 안락하게 꾸며진 집에서 하루하루 편안하게 살면서 융자를 갚고 난 뒤에는 더 큰 집으로 이사 갈 궁리를 하게 됩니다. 아파트를 무상으로 제공하는 대신 노동자가 장기 할부로 구매를 하게 되면 노동자는 이처럼 온순해집니다. 그리고 아파트를 지어 파는 일은 상당히 수익성이 높은 사업이 되었습니다.

이처럼 처음에는 공장에서 일하는 노동자들의 복지를 위한 기숙사에 가까웠던 아파트는 점차 분양 아파트로 방향을 돌리게 됩니다. 이 현상이 더욱 가속화된 것이 우리나라였습니다.

우리나라의 아파트

우리나라에 아파트가 처음 들어온 것은 일제 강점기 때입니다. 1930년 서울시 회현동에 미쿠니아파트가 처음 지어졌는데 일본 회사인 미쿠니상사가 조선에 거주하는 일본인을 위해 지은 기숙사입니다. 1935년에는 내자동에 충정아파트가 지어졌는데 이 역시 조선에 거주하는 일본인을 위한 임대 아파트였습니다. 이처럼 최초의 아파트는 기숙사이거나 임대 아파트였지만 해방 후인 1958년 종암동에 종암아파트가 분양 아파트로 지어집니다. 이후 1964년 마포아파트가 지어지면서 아파트는 본격적인 분양 위주로 돌아섭니다. 마포아파트는 14~18평의 소형 평수였고, 처음에는 사람들이 아파트라는 새로운 주거 형태에 조금 낯설어하기도 했지만 이후 큰 인기를 얻게 되면서 1970~1980년대부터 본격적으로 아파트가 지어지기 시작합니다. 아파트는 본래 노동자들의 열악한 주거 환경을 개선하기 위해 지어진 것이라서 유럽에서는 아직도 아파트라고 하면 저소득층 집단 주거지라는 성격이 강합니다. 하지만 우리나라에서는 주거 근대화를 위해 지어지면서 아파트에 거주한다는 것은 곧 부유층과 동일시되었습니다.

이는 1970~1980년대 대규모 건설 산업을 통해 경제를 살리려는 노력과도 연결되어 있었습니다. 낡고 허름한 주거지를 재개발 지역으로 지정한 뒤 모든 집을 헐어내고 그 자리에 새 아파트를 짓는 전

1958년에 지어진 종암아파트 전경. ©서울사진아카이브

면 철거 재개발 방식이 확산된 것입니다. 대규모 건설 사업이니 일자리가 많이 생겨서 좋고, 주민들은 새 아파트가 생겨서 좋고, 건설사는 돈을 벌 수 있어서 좋고, 그렇게 번 돈은 선순환이 되어 경제가 발전했습니다. 전셋집에서 살림을 시작한 신혼부부는 맞벌이를 하며 돈을 모아 작은 아파트를 한 채 사고, 몇 년 후에 좀 더 넓은 평수의 아파트를 장만하면서 재산을 늘려갈 수 있었습니다. 60대가 되어 직장에서 퇴직을 할 때쯤이면 아파트를 팔아 시골에 전원주택을 짓거나 노후 자금으로 쓸 수도 있었습니다. 이렇게 아파트는 개인이 할 수 있는 재테크이자 든든한 노후 자금이 되어주었습니다. 기업도 좋고 개인도 좋고 국가 전체로 볼 때도 아파트는 좋은 효자 상품이 되면서 여기저기에 아파트 단지가 지어졌습니다. 아파트는 곧 분양 아

파트라는 공식이 성립하게 됩니다. 저소득층의 주거 안정을 위해 만들어져 임대나 무상 제공에 가깝던 아파트의 본래 취지와는 점점 멀어졌습니다.

하지만 이제 우리나라도 국민들의 주거 복지를 위해 임대 아파트를 많이 짓기 시작했습니다. 열심히 돈을 벌어 크고 좋은 집을 살 수 있다면 좋겠지만 집값이 너무나 비싼 상황에서 힘들기만 합니다. 더구나 사회에 갓 나온 청년이나 신혼부부들은 저축한 돈이 많지 않기 때문에 집을 구매하기가 어렵습니다. 집값이 너무 비싸서 결혼을 미루거나 아예 포기하는 경우도 있습니다. 그래서 국가가 청년들의 주거 안정을 위한 대책을 세운 것이 청년임대주택입니다. 20~30대 청년이 살기 편하도록 교통이 좋은 지하철역 주변에 전용면적 60제곱미터 이하의 소형 아파트를 짓고 시세보다 싼 값에 임대를 해줍니다. 일반 전세나 월세의 계약 기간이 2년인 데 비해 청년임대주택의 임대 기간은 8년 정도여서 더 안정적입니다.

그런데 2018년 서울시 ○○구 △△동에 청년임대주택을 짓기로 했을 때 주변 주민들이 반대를 하고 나섰습니다. 동네에 '빈민 아파트'를 지으면 주거 환경이 나빠지고 집값이 떨어진다는 이유였습니다. 하지만 청년들은 빈민이 아닙니다. 갓 사회에 나왔기 때문에 아직 저축해놓은 돈이 많지 않을 뿐 결코 가난한 사람이 아닙니다. 그리고 990세대의 아파트 한 채를 짓는 것이기 때문에 주변 환경에 영향을 줄 정도의 대단지도 아닙니다. 그런데 주민들이 청년임대주택 건설

△△동 청년임대주택 건설 반대 집회. ⓒ연합뉴스

을 반대한 데에는 좀 더 깊은 속내가 있었습니다.

　청년임대주택을 반대하는 사람들은 대부분 단독주택을 다가구주택이나 원룸으로 개조하여 세를 주고 사는 노인들이었습니다. 노인들에게는 월세 수입이 생계 대책이었습니다. 그런데 그 동네에 임대주택을 지어 시세보다 싼 가격에 임대를 주기 시작하면 다들 임대주택에 들어가지 개인이 운영하는 비싼 월세방에는 들어가지 않을 게 뻔합니다. 노인들의 생계가 막막해지는 것입니다. 노인들도 사실 할 말이 많습니다. 그분들이 젊었던 시절에도 서울의 집값이 비싸서 고생을 했습니다. 단칸 월세방에서 시작해서 고생 끝에 전셋집을 구하고 마침내 집을 마련할 수 있었습니다. 그때는 청년임대주택이나 신혼부부 임대주택처럼 국가나 지자체에서 지원해주는 주택 사업이 전혀 없었습니다. 오로지 스스로 저축한 돈으로 힘들게 집을 마련해야 했습니다. 별다른 재산도 모으지 못했고 유일한 재산으로는 주택 한 채가 전부여서 다가구주택이나 원룸으로 개조하여 세를 주는 것이 생계 수단입니다. 그런데 갑자기 국가에서 임대주택을 지으면 이들의 생계 수단을 빼앗는 꼴이 됩니다. 노인들이 임대주택을 반대한 이유는 이것이었습니다. 물론 청년들도 할 말이 많을 것입니다. 한 달 월급을 받아 월세를 내고 나면 남는 것이 없습니다. 저축은커녕 당장 쓸 돈도 부족하고 미래를 꿈꿀 수도 없습니다. 이런 상황에서 임대주택 건설을 반대하는 노인들이 야속해 보이겠지요. 청년들의 주거권과 노인들의 생계권이 맞물린 복잡한 문제입니다.

가난해서 집을 구매할 수 없는 사람에게 최소한의 살 집을 마련해 주는 것은 국가가 제공해야 할 기본적인 주거 서비스에 해당합니다. 그것이 바로 임대주택입니다. 물론 돈이 많은 사람이라면 강남의 고급 아파트나 널찍한 단독주택에서 살겠지요. 주거 문제에서도 부자는 유료로 주택을 구매하고 가난한 사람은 국가에서 제공하는 임대주택에서 살아가는 현상이 증가할 것입니다. 예전에는 임대주택이라 하면 작은 평수의 아파트만 있었지만 임대주택이 점차 활성화되면서 이제는 국민주택 규모인 전용면적 85제곱미터의 아파트도 지어질 것입니다. 이렇게 되면 4인 가족이 살아가기에 부족함이 없습니다. 그런데 임대 아파트라는 공적인 서비스에 의존해서 살아가는 사람들과 돈을 주고 구매한 분양 아파트에서 살아가는 사람들 간의 갈등을 해결해야 합니다. 국가는 모든 국민이 집 걱정 없이 살 수 있는 주거복지 서비스를 시행해야 하는데, 국민들의 주거권이 내가 가진 주택의 재산권도 보장해달라는 요구와 갈등하면서 모든 국민의 주거권을 보장하는 일이 쉽지는 않습니다.

●■▲ 슈바삐 지수

경제학 용어에 '엥겔 지수'라는 것이 있습니다. 전체 지출 중에서 식비가 차지하는 비율을 나타내는 것으로, 엥겔 지수가 높을수록 살림살이가 어려운 편에 속합니다. 4인 가족의 경우 한 달에 지출하는 식비의 절대량은 큰 차이가 없습니다. 물론 부유한 집이라면 저녁 식탁에 고기 반찬도 자주 올라오고 외식도 자주 해서 식비가 많이 들겠지요. 그러나 한 달 수익이 많기 때문에 먹는 음식이 차지하는 비율은 그다지 높지 않습니다. 대신 옷을 사 입는다거나 여행을 간다거나 쇼핑을 하는 등 피복비와 문화생활비에 지출하는 비율이 더 높습니다. 그러나 형편이 어려운 집에서는 여행이나 쇼핑을 자제하고 돈을 절약하기 때문에 상대적으로 식비 지출의 비율이 올라가게 됩니다. 다른 것은 아껴도 먹는 것은 아낄 수 없기 때문입니다. 한 달 월급 중에서 대부분을 식비로 지출하고 나면 다른 곳에 쓸 돈이 별로 없기 때문에 살림살이가 팍팍해집니다.

그런데 우리나라는 식비뿐 아니라 주거비 지출도 만만치 않습니다. 월세를 살면 다달이 월세가 빠져나가고 전세를 살아도 전세금 대출을 받았기 때문에 다달이 대출상환금이 나갑니다. 이사를 자주 다니는 게 싫어서 내 집 마련을 했지만 은행에 장기융자금을 신청해 샀기 때문에 매달 융자금이 빠져나갑니다. 그뿐만 아니라 아파트 관리비, 전기요금, 가스요금, 수도요금 등 주택과 관련되어 나가는 비용이 많습니다. 전체 지출 중에서 주택과 관련해서 지출되는 비용의 비율을 따지는 것이 슈바베 지수입니다. 당연히 슈바베 지수가 높을수록 생활이 어려워지고, 집값이 비싸지면 슈바베 지수도 함께 올라갑니다.

우리나라의 평균 엥겔 지수는 15% 정도 되고 슈바베 지수의 평균은 11% 됩니다. 따라서 엥겔 지수와 슈바베 지수를 합치면 26% 정도가 됩니다. 집 없이 살 수는 없고, 밥을 먹지 않고는 살 수가 없기 때문에 전체 지출의 4분의 1 정도가 고정적으로 빠져나가는 지출입니다. 우리나라는 식비와 주거비 지출이 OECD 평균보다 높은 편입니다.